拜拜經濟學

有拜有保庇!?
大廟小廟香火鼎盛背後的經濟性與趣味性

鍾文榮　著

拜拜經濟學

contents

作者序

灶神的無私與有德

我腦海中一直有一幅清晰的圖像，就是老家灶臺上的灶神，以及兩旁的對聯「有德能司火，無私可達天」。我認為灶神應該是「有德」與「無私」，尤其先人留給我們的對聯文字智慧應該暗藏著某些訊息，期待後人解開，只是我們是否有能力解開這個訊息？或對此視若無睹？

灶神為何這麼重要？幼時我並不清楚，只知道爺爺、奶奶早晚都得對灶神焚香膜拜。我天天在廚房幫忙升火燒水，偶爾也會抬頭望一望灶臺上的灶神，也曾想過一個有趣的問題：難道灶神不怕被廚房的煙燻黑？天天看著人間烹煮山珍海味，難道不會流口水，肚子咕嚕叫？聽三姑六婆在廚房聊八卦，難道不會厭煩？難道灶神二十四小時值勤不用休息？

傳統農業社會信仰的灶神一定有其特殊功能，除了農曆十二月二十四日到大年初四，灶神鎮日守著灶臺也看盡人間事。我有個疑問，灶神到底看到什麼、聽到什麼、知道什麼？返回天庭向玉皇大帝述職時，祂會說什麼？

灶神可以被賄賂？

農業社會的貧富差異，可以從每戶人家的灶臺看出端倪。大抵是可以反應出這戶人家的貧富差別，應是從一口灶中可以判斷出這一戶人家的人口數、飲食習慣與份量。兵法就有所謂「減灶誘敵」[1]之略，就是刺探敵營的灶口數算出對方的兵力與糧秣多寡。以現代而言，從廚房（一口灶）的食物可以看出景氣的好壞，如果大部分人家的灶上食物豐富，當時應該是風調雨順、景氣好，大家豐衣足食；如果灶上空無一物，或者過於匱乏，可能就是時運不濟，大家都要過苦日子了。

此外，在農業社會的爐灶是最基礎的經濟條件，是一戶人家必備的炊具。如果要成家，就需要有個新爐灶，所以所謂的「起爐作灶」就是指建立家業，分家另立門戶就稱「另起爐灶」。

命理家認為，「灶肚門切要深藏，勿使人見，如入門見灶肚燒火，主不聚財。」意思是說，爐灶為一戶人家的經濟命脈，更是隱密的地方，是一家的財祿寶庫，非常忌諱在閒人面前公開，所以廚房必須有所阻隔才能化解露財的風險，顯然命理家的看法和兵家一致。

農曆十二月二十四日送神日，灶神要向玉皇大帝述職，細數人間善惡，這天家家戶戶要以糖果祭拜，讓灶神吃了又黏又甜的糖果後會向玉皇大帝多說些好話，期望天庭可以降福除禍。這不就和灶神旁的對聯形成突兀的對比？如果人們平常做好事，何須以糖果甜灶神的嘴，求祂說點好話？灶神這麼輕易被人賄賂？

灶神雖然官小，卻是玉皇大帝在人間的眼線，所以東漢的孔安國才認為要「當祀之以祈降福祥」，但孔安國的說法有誤導之處，好像灶神是可以被買通的，其實一個人的功過與善惡是他行為的結果，與拜灶神求平安並不相干。

神鬼人，交相賊？

我小時候另有一個疑問。這些神明在人間受到供奉，還能有求必應，祂們怎麼分辨每個人的善惡與功過？大人告訴我們要敬神畏神，但又可以透過某種行為，企圖改變神明的想法，以祈求避禍降福，這不是非常矛盾嗎？

灶神是不是可以被賄賂？我們並不知道。灶神會不會幫人間說好話，我們也不知道。看起來，對於神明是否可以被賄賂的說法，也許只是人間的想法。人們的做法不就說明信仰行為的鬼神、人關係，和人與人的關係，都可以被買通或賄賂嗎？我們認為人可以買通，至於神、鬼當然也可以被買通。宗教信仰裡到底有多少成分是「上下交相賊[2]」呢？

如果灶神是無私的，必不會因為自私的人們拜糖果，想諂媚灶神，就會扭曲人們的行為而未忠實向天庭稟報。所以送灶神當天，人們到底在求什麼？只是求心安，買個保險嗎？同樣的，如果我們「無私」，又豈怕灶神向天庭說三道四？

從傳統信仰可以知道一件事，灶神雖然只管廚房但又監管人們的善惡，可謂是官小權大，但我認為灶神應該更清楚人間的經濟發展脈絡，而且可以很清楚知道人間是否豐饒富庶。從廚房一角可以知天下，我認為灶神應該是最知道人間經濟現況的神祇，是經濟之神才對。所以，一國之君也應該拜灶神才對！

在中國古代，皇帝也要祭灶神。《禮記．曲禮》：「天子祭天地，祭四方，祭山川，祭五祀。」其中的「祭五祀」，根據《通典殷制》記載：「天子祭五祀：戶一、灶

二、中霤三、門四、行五也。」乃春祭戶，夏祭灶，季夏祭中霤，秋祭門，冬祭行，亦即主出入門、戶、主飲食之灶、主堂室之中霤、主道路之行，這些皇帝都得祭拜，正因為這關乎百姓的民生，但《禮記》也沒說皇帝要買通神明。

這就讓我非常好奇了，如果灶神為經濟之神，想要知道來年的經濟是否國泰民安，照理應該問問一下灶神才對吧？灶王爺的「官方」說法，應該會比較精準才對。古時候皇帝在夏天要祭拜灶神，但現在可能連一般人家也不拜灶神了（改用瓦斯爐、電磁爐了，灶神沒灶可窩？）政府單位和大廟也不拜灶神，難不成是因為灶神的神格太低，靈力太小，問國運是否會昌隆這件事對於灶神而言是「不能承受之重」？所以該問問一些大神，正因為大神有很大的靈力，大神的見解應該是神準的！

回到現代，每年的大年初四接神日，各地的廟宇紛紛焚香祭拜擲筊抽出所謂的「國運籤」（若以事後諸葛的角度去穿鑿附會一番，的確可以找出很多解釋與說法，但我認為這已經是茶餘飯後的閒聊話題），我也想問問，總統貴為一國領導人，是不是也該問問灶王爺的看法？但民間雖有灶神廟[3]，但基本上廟裡是不拜灶神的。我就不知道總統府的廚房是否有祀奉灶神？如果有的話，每年過年的總統談話（建議年初四接神日再講一次），是不是該透露一下灶神的說法，好讓我們參考未來的景氣是上行還是下行呢？

這本書，始於我對於宗教信仰的好奇，而灶神的「無私」與「有德」卻反映臺灣民間信仰功利化的現況，而透過經濟學理論的抽絲剝繭與穿針引線，或許可以在這當中找到一些意外的答案。

以灶神這幅心中的圖像，作為此書之序。

鍾文榮謹誌於彰化八卦山

二〇一四年八月三十一日

宗教小辭典

灶神的全銜是「東廚司命九靈元王定福神君」，俗稱灶君、灶君公、司命真君、九天東廚煙主、護宅天尊、灶王或灶王爺，為廚房之神。灶神起源甚早，商朝已經開始在民間的家庭中供奉，東漢孔安國在《禮記注》中說：「灶神以平時錄人功過、上表於天、當祀之以祈降福祥。」說明了灶神除掌理廚房之外，也負責稽察一戶人家的善惡，還須向玉皇大帝報告這一戶人家一年當中的善惡與功過，所以人間必須拜灶神求得平安與幸福。

註釋

1 戰國時代，齊魏兩國於馬陵之戰中，齊國孫臏以「減灶誘敵」之計大敗魏軍。齊軍佯裝戰敗後撤離，在第一天挖十萬人煮食用的灶，第二天減到至只足五萬人用，第三天又減少至三萬人用，並讓士兵四散逃走，對魏軍造成齊軍兵力不足的假象。魏軍見狀追擊齊軍，又看到齊軍天天減灶，即認定齊軍兵力衰退，必敗無疑。於是龐涓隻身帶著精銳騎兵追擊齊軍，孫臏則於魏軍必經之處的馬陵設伏擊殺魏軍，魏軍大敗後龐涓自刎而死。

2「上下交相賊」語出歐陽修〈縱囚論〉一文。

3 根據學者蔡伊達在〈灶神民間故事類型與灶神形象研究〉一文中指出，目前臺灣以灶神為主神的宮廟至少有：宜蘭縣的開基灶君廟省民堂、新竹縣五指山灶君堂、屏東縣東港九龍宮，以及及屏東縣九天宮等四間。

前言
我衝撞的是宗教信仰行為，不是宗教信仰

經濟學涉足宗教領域已不是新鮮事了。宗教經濟學雖然是一門冷門又非主流的學問，但我想談的不是宗教經濟學，而是站在社會科學的角度思考，當經濟學碰到宗教信仰會產生何種火花？這是時報文化的主編邀稿時，我一開始的想法。他建議，既然我可以拿板凳看巷口經濟寫《巷子口經濟學》，何不移板凳到廟口寫出鬼神與人的經濟行為？

本書的材料都出自我的人生經驗與對信仰的觀察，書中若干情境也可能發生在大家身邊。我希望給讀者輕鬆的分析，也有一些反思，這當中免不了會有一些衝擊，而這些衝擊可能直指你我的傳統信仰行為。

宗教行為背後的利益

我在學齡前住在屏東大武山下一個偏僻的客家農村，學齡後曾經住過高雄的漁村和眷村，中學念的是眷村學校，校園就在海軍軍區，隔壁就是海軍陸戰隊訓練中心。大學就讀基督教學校，入學時我還一度好奇校方會不會強迫信教，發給新生每人一本聖經？

在臺灣，行政區域環境與宗教信仰的相關性非常高，所以我也數度接觸不同的宗教。住客家農村時接觸了土地公、灶神；搬到漁村時，接觸了媽祖與王爺信仰，聽到很多鬼神傳說，曾因見到乩童拿鯊魚劍、刺球鞭打身體的血淋淋畫面而恐懼；搬到眷村後，鄰居大多是基督教與天主教信徒，我曾經和鄰居一起到教堂做禮拜，一起喊「阿門」；到了基督教大學念書，校方也沒要求學生要信仰基督教，但耶誕夜我鑽進校園教堂裡，卻始終搞不懂牧師念到第幾篇第幾節，只好溜之大吉。

雖然我相信宗教信仰自有其道德宣化力量，但心裡還是有很多懷疑，而更多的反思其實是在信仰行為上所產生的。我認為經濟學是談「為什麼」的客觀事實，而非談「是否」與「好壞」，放在信仰行為，我會想知道信眾為什麼會這樣做？有何好處？而不是論信仰行為的對錯，或者論宗教行為的是非。

基於中立與實是性，我寫了這本書，書中會有大家熟悉的新聞與冷趣味，免不了也會有衝撞與侵入性。當然，這不是宗教信仰的全貌，僅僅是抽離出來的信仰行為，在冷眼的經濟觀察之下，企圖提供給讀者不一樣的訊息。

犀利誤闖紅線禁忌

時報文化的主編問我，為何全書一開頭就談灶神，灶神和經濟學有何干係？在序文我已提過灶神旁的對聯，「有德能司火，無私可達天」。就是「德」與「私」這個訊息，可以對應本書所談的宗教信仰功利傾向的問題。

這是冥冥中自有的安排與答案？其實不是。在我的生活圖像中，片片好像都有關連性，重組這些圖像後才驚覺，這些圖像正慢慢解答我心中的疑惑，信仰行為就是這當中最大的疑惑。我要感謝就讀東海大學時，帶領我進入社會科學理性殿堂的兩位教授，他們教我如何串起這些圖像的關係與連結，並且解析之間的交互關係，一位是經濟系退休教授羅台雄，一位是社會系退休教授張華葆。我的這兩位啟蒙老師，得以讓經濟學和社會學在我腦裡衝撞與激盪二十幾年而不糾結。

我坦承宗教信仰有很多是不能觸碰的紅線，有太多的忌諱與禁忌，每每行文到紅線邊緣時，才驚覺已經越過這條看不見的紅線。主編打趣問我為何不乾脆闖進去，但這已超過經濟學的論述範圍，只好「回頭是岸」。這些私闖的見歷，就不在本書呈現了。

本書有很多「衝撞」的內容，但沒有「違規」，我選擇衝撞的是信仰的行為，而不是宗教信仰本身，當然，我也必須承擔衝撞後的結果。

宗教小辭典

王爺信仰：是臺灣民間宗教信仰的特色。在傳統信仰，王爺神鎮守地方，百姓尊崇為千歲、千歲爺、王公。王爺由玉皇大帝指派下凡，掌管人間善惡，配有三十六天罡（天兵）、七十二地煞（地兵）與五營軍，職務是代天巡狩、燮理陰陽。信徒認為王爺有尚方寶劍，能先斬後奏，還能驅除瘟疫。臺灣人祭拜的王爺廟多稱為代天府，王爺出巡就稱作代天巡狩。

第一篇

宗教經濟學

第一章 信仰是一種市場

宗教信仰是個市場，在神、人之間自成一個供需關係，有價格、有成本，更有競爭條件。

我上大學的第一堂課「經濟學原理」，當時教授說：「經濟學是一門社會科學，也是研究人如何選擇的科學。理性經濟人是自利的，目的就是追求效用極大。」一開始，我不清楚自利[1]與自私究竟有何差別，但對效用極大卻很有概念，因為容易實踐又可以落實到生活中。譬如，我當學生時生活費有限，總愛挑吃到飽的餐館用餐，這就是追求成本極小、效用極大，發揮最大的經濟效果。

我必須坦誠的說，我的日常言行都是經濟學強調理性的影子。我擁抱功利主義[2]，日常決策也服膺效用原則，但為了寫這本書，我必須反思過去的思維，探究經濟學眼裡的宗教觀究竟是怎麼一回事？

宗教的功利化

經濟學認為，凡是自願的行為就是自利的行為，自利就是求自己的最大好處與幸福，就是功利行為。臺灣人常說「拿香跟著拜」，也是一種功利行為，就是祈求神明帶給自己平安、幸福與財富，但當信徒手上沒香、沒供品，也沒紙錢時，要如何與神明溝通呢？

譬如臺北行天宮原本就不燒紙錢，但在二〇一四年八月連香爐、供桌也撤離了。此事在宗教界與信徒間引起討論，宮廟周邊的攤販商機更一時頓失。對信徒來說，到宮廟拜拜不就是要燒香、燒紙錢、獻供品？燒香就是人間信徒與天上仙佛的天線，將信徒的祈念透過燒香傳遞出去，所以信徒認為燒愈多香愈容易與仙佛溝通，而搶頭香更容易得到仙佛的保佑，所以行天宮的決定不但讓信徒不習慣，也覺得無法和仙佛溝通了。行天宮的做法正反意見都有，但我認為反對的理由與信仰無關。（事後信徒的反應也很快，既然不提供信徒供桌，供品就拿在手上拜。）

行天宮不燒香、不拜供品的規矩當然對信徒有所衝擊，尤其老一輩的信徒會認為這樣不好意思，也得不到神明的庇佑。這是受到功利的影響，「心誠則靈」還是要有利益來支持，只有雙手合十、誠心祈禱，對某些信徒來說是不穩固的。我這裡以利益來形容比較入骨，佛教認為在達不到「心誠則靈」之前，信徒是「借相修心」的，若略掉這一層次是無法直接到心誠則靈的境界，因此借相修心是存在的事實。

若信徒燒香、燒紙錢和獻供品是借相修心，而且沒有功利成分，我認為恐非事實。因此，行天宮取消燒香，要信徒心誠則靈，而信徒認為與神明溝通的憑藉消失了，心裡就感到不安。然而，燒香與借相之間不必然劃上等號，因為大部分信仰行為不是修心而

是功利。

如果用經濟學來解釋，行天宮此舉無異是在信徒間進行篩選，功利傾向濃厚的信徒就會選擇去別的廟參拜，這和本書後面提到的「交替神主義」是一致的，反而篩選後的信徒信仰行為就更為堅定，更可以心誠則靈（不必然完全沒有功利成分），而事實也證明新辦法公布後幾天，參拜信徒的數目比平常減少許多，但我認為並不減行天宮香火的規模，也不減在信徒間靈力的規模效應，但會不會降低信徒捐贈的意願呢？我認為影響有限，正因為信徒捐獻的意願之一是宮廟的靈力效應與規模，行天宮已是一間大廟，不會影響信徒的捐贈，整體負面影響不大，還可能是個轉機。

以經濟學原理而論，人類的選擇行為就是一種經濟行為，選擇這個，可能得放棄那個，選擇的背後是服膺自利與效用原則。譬如你選擇一個商品，大抵上是因為這個商品對你有用（效用的看法），或許還有點利頭（消費者剩餘[3]的看法），如此你才有購買的行動，但首先還必須有欲求的動機，也就是必須滿足欲求。

但人類很多行為看似對自己不利，為何又願意付出呢？譬如捐血，如何有用？又如何有利頭呢？我已捐血兩萬兩千五百毫升，總要有個理由說服自己，捐血對自己有利吧？我給的理由是幫助別人，且又讓自己的身體加速新陳代謝，這就是捐血對我的「效用」，只是我沒有以新臺幣幫這個效用訂出價格罷了。

人類的行為大致上還是服膺理性的，至於是否一定絕對理性，也許有可能，但這不是經濟學要探討的問題。周遭朋友無不認為我身體力行的經濟學，有點理性過頭了，我們家兩個讀國小的女兒也常和我議價，幫忙做家事多少代價？考試拿一百分多少代價？背一篇文章多少代價？甚至弄壞東西又多少代價？有一天，她們在學校辦的跳蚤市場用低價買進二手物，然後再以高價賣出，獲利五十四倍。我問她們，向同學討價還價，同學不會傷心？她們回說同學很快樂，因為能夠成交。我再問她們，把低價買來的物品用高價轉賣給同學，他們會高興嗎？我女兒回說同學很高興，因為買到需要的商品。我不曾對女兒說過，市場有一隻看不見的手，會調合出對社會最大的利益，但她們在跳蚤市場參與了這個市場機制，難道這是人類的本能？

宗教是個產業？

我念大學時，羅台雄教授借我一本張五常教授寫的《賣桔者言》，回家細讀之後才驚覺課堂上的黑板經濟學[4]之所以無趣，是因為有太多數學模型與理論，而且是在被假

設與限制條件之下發展出來的。經濟理論無趣，就是缺乏故事性。

大學時期，我同東海大學社會系的張華葆教授到高雄龍發堂進行宗教治療研究，從此改變我的宗教社會觀。當時我瞭解，所謂宗教治療靠的並不是神力，大部分是心理因素。我更好奇的是，宗教之間如何彼此看待？同一個宗教信仰之間，又是如此看待彼此？宗教間會有競爭嗎？當年我對龍發堂的好奇全都在經濟學之外，反而在社會學之內，但核心疑問是經濟學所言的競爭。

如果當年我有今日的邏輯思辨能力，也許會提出以下幾個疑惑：佛是什麼？佛在哪裡？什麼是立地成佛？佛有多寬？直言就是：在功利主義下的佛是什麼？宗教信仰的罪與罰是否有訂價？神可以被人間金錢買通嗎？宗教可以營利嗎？那時我曾問龍發堂住持釋開豐法師：宗教派系之間如何認同？彼此會競爭嗎？他分享了他的見解，也影響我對宗教信仰的認知。那次經驗讓我深深以為，社會問題才是經濟學應該思維的根本問題。

幾年後，我開始思考宗教會不會是個產業，有供給、有需求、有價格？更直接的說，信仰會不會只是個消費市場？我們只是一個宗教市場中的消費者，剛好找到一個對自己暫時有用的信仰商品來消費罷了。為什麼是「暫時的信仰」呢？如同消費市場，消費者對一個產品或品牌可能有忠誠度，也就是消費者對其有一定程度的信仰，因為這個商品或品牌對消費者有利，但有利的程度會隨時間改變而消退，這叫做「移轉」。

以消費者行為理論來說，如果沒有持續的刺激，消費者會對品牌的認知慢慢消退；相對的，若消費者原本不相信一件事，但經過刺激之後，他也許會漸漸的相信。假定宗教信仰是一個市場、一個產業，供需的行為就有生產者與消費者，從行為來論，就有廠商行為與消費者行為，從供需看，就有市場價格，從結構看，就有價格彈性與剩餘，從商品看，就有正常財、劣等財、炫耀財，甚至季芬財。

宗教的市場競爭很激烈

若說信仰是理性的，且具有供需關係，想必很多人會反對，或更直接說，信仰是一種市場，信徒的宗教信仰是經濟行為和消費行為，反對者更多。但若從經濟學寬鬆定義，人類的所有行為都是經濟行為，只要有所選擇，信仰行為就是經濟行為。

斯塔克（Rodney Stark）和芬克（Roger Finke）兩位社會學家合著的《信仰的法則》（*Acts of Faith: Explaining the Human Side of Religion*），以市場供需原理應用在宗教現象，建立所謂的宗教市場論，認為宗教多元和競爭會促進宗教繁榮。他們認為，宗教既然有市

場，宗教產品的消費者（信徒）、產品的供給者（神職人員），和宗教產品（各種形式的活動）都是市場的參與者，而宗教信仰就是一種經濟行為、有供需與市場，也會有競爭。因此我們可以說，任何信仰都是理性、自利，這和經濟人[5]追求效用極大（utility maximization）的假設是一致的。

信徒是宗教市場的消費者，在競爭的宗教市場裡選擇宗教，而宗教信仰就像商品一般，消費者在市場中選擇這個商品（宗教信仰），就是認為這商品對其自身有利，不管是現在還是未來。在信徒的觀念裡，未來效用就是表示來世再消費，也可以移轉與贈與，譬如佛教講的「迴向[6]」，同時也可以跨期消費，譬如「做功德」。

但在宗教信仰的市場裡，信徒到底圖什麼？不論是祈求平安、財富或幸福，都可以透過宗教行為向神明表達，但每個信徒的需求不同，表現出來的方式也不同。信仰強度愈高，就更想讓神明知道自己的誠意，也愈希望神明施受的靈力愈大，這就形成正增強的循環。

以馬斯洛（Abraham Maslow）的需求層級理論[7]而言，一般信徒的需求也許只是安全的需求，但這和宗教的需求層次不一樣，一些信徒求的是靈性成長的需求，高於馬斯洛所謂的自我實現需求。我認為，「求得愈大，給得愈大」是一般的想法，信徒的需求必須透過某種機制向神明表達他們的虔誠，而這種機制最好能用價格量化，譬如捐獻，信徒捐得愈多，當然希望得到的回饋愈大。今世的投入能得到今世的效用，譬如求財；或是今世的投入可以轉變成自己或先人來世的消費，譬如做功德。

宗教信仰可以轉換，稱為改教或改宗，所以不會從一而終。《信仰的法則》一書提出，宗教信仰的市場有供需關係，也有價格決定的因素，而且宗教子系統與商業子系統類似，都包括產品的供求和互動。宗教經濟的構成包括現有和潛在信徒（需求）市場，尋求市場組織（供應者）的服務，以及不同的組織所提供的宗教教義和實踐（產品）。如此，宗教信仰是個市場，在神、人之間自成一個供需關係，有價格、有成本，更有競爭條件，再放大一點看，宗教的商業行為也是存在的，不管這個宗教信仰下的團體，是否為非營利事業。

此外，宗教還必須有一群信仰者，才能傳播、坐大。一個人選擇了這個信仰，就等於接受並建立這個信仰，或者他必須放棄或脫離某個信仰，這就有了競爭的基礎與傾向。如此，在同一個宗教之間競爭的，就是信眾的基礎，這和一般市場競爭吸引消費者是一樣的。而不同宗教間也會彼此競爭甚至排擠，也就是在競爭哪一個宗教的論點才是真理。

在過去，一般認為某人信仰的改變是因為產生新的需求，需要被滿足，因此會轉向擁抱新的宗教信仰來滿足這些新的需求。但《信仰的法則》一書認為這是錯誤的，該書作者認為，某人的信仰轉變是因為某個宗教可以讓他取得更有價值的回報，此時信徒就會轉變信仰，這是供給方因素造成的。

這就說明了很多新興宗教其實是讓一群追隨者認為，他們所提出的論點可以讓信徒得到比之前的信仰更有價值的回報，而原先的信仰就會被替代，迎向新興宗教或宗派。以此觀點，宗教之間的競爭不僅會在宗派內部競爭，也會在不同宗教之間競爭，這和我們常見的市場競爭是一樣的。

宗教小辭典

行天宮：又稱恩主公廟，是祭祀關公的廟宇，建廟歷史可追溯到一九四三年。本宮位於臺北市，歷史最悠久的是北投分宮，次之為三峽分宮。行天宮是大臺北關帝廟的代表，廟門設計與臺北市的孔廟相仿，大門沒有彩繪門神，而是在櫺星門安置一〇八個門釘代表一〇八個神靈，代表三十六天罡星與七十二地煞星。

註釋

1 自利指的是人們基於利己的動機所做出的行為。依照經濟學理論，只要人們是基於自願，其行為都是對自己有利的。但經濟學對自利的定義，並未涉及道德判斷，譬如買黃牛票的行為是自利的，正因為時間成本太高，排隊購票的代價太大，就會買黃牛票，或付錢請人代購，這會讓人以為只要有錢，什麼都可以買，甚至排擠一般人的權利。

2 功利主義是在十八世紀末、十九世紀初期，由英國哲學家兼經濟學家邊沁（Jeremy Bentham）提出。其基本理論是：一種行為如有助於增進幸福，則為正確的；若產生和幸福相反的東西，則為錯誤的。

3 消費者剩餘（consumer surplus）指的是消費者心中願意支付的價格，與實際價格之間的差距與消費單位的乘積。

4 科斯（Ronald Harry Coase）把西方二十世紀初形成的主流經濟學稱之為「黑板經濟學」。是指經濟學理論成立的前提條件過於抽象且太重視數理模型與演算，不能解決實際的社會經濟問題。

5 經濟人（Economic man）又稱作經濟人假設，即假定人的思考和行為的目標都是理性的，且會追求效用最大化。

6 所謂的「迴向」，按丁福保的《佛學大辭典》定義：迴向，回者回轉也，向者趣向也，回轉自己所修之功德而趣向於所期，謂之迴向。期施自己之善根功德與於他者，迴向於眾生也。以己之功德而期自他皆成佛果者，迴向於佛道也。所以迴向可以為自己所用，也可以為他人所用。

7 馬斯洛把需求分成生理需求、安全需求、社交需求、尊重需求和自我實現需求，依次由較低層次到較高層次。

第二章 靈力有多強，宮廟香火就多旺？

愈多香火讓信徒愈以為這間宮廟的靈力愈大，
靈驗效果愈大，會讓信徒愈願意捐獻香油錢。

需求與供給是經濟學兩個最基礎也是最重要的元素，但到底是先有需求再有供給，還是先有供給再創造出需求？這兩種說法在經濟學皆曾被提起，也各有支持的論點。譬如古典經濟學家賽伊（Jean-Baptiste Say）認為所有的商品生產以後，一定能夠被全部銷售，商品的生產數量完全由商品的供給面所決定，商品的供給量最後必將等於商品的需求量。但另一位經濟學家彌爾（James Mill）則認為生產、分配與交換都只是手段，生產的目的是為了消費，和賽伊的觀點不同，而經濟學家凱因斯（John Maynard Keynes）也認為賽伊的論點互相矛盾，應該是需求創造供給才對。

競爭信徒的金錢

在此我們不討論經濟理論，只是用來討論在宗教信仰中，到底是先有信仰的供給，還是先有信仰的需求？也就是說，先有神靈信仰，還是有神靈信仰的需求後，才有宗教信仰的供給？

韋伯（Max Weber）在《宗教社會學》的「宗教起源」一篇中提到，宗教與巫術動機下的行為，相對是理性的，遵循的是經驗法則。從巫術的行為來看（如祈雨），宗教與巫術的行為無法與日常生活切割，而且其目的都具有經濟性，雨量多寡直接影響收成。從自然的神靈信仰來看，巫師的巫術（行為）讓人有信仰的需求，所以信徒的信仰行為應該是先有信仰的供給，才有信仰的需求。

但從商業經濟眼光來看，如果我是一個廠商，我所提供的產品當然是基於消費需求，我才製造且提供商品來滿足消費市場，所以是出現需求後再有供給。但也有可能是我觀察到消費者未被滿足的需求，且我相信這個未被滿足的需求，足以支撐我創造且製造出一項商品來滿足消費市場，並有獲利的能力。

舉個案例。賈伯斯的蘋果電腦在二〇〇七年開發出第一代的iPhone時，就是供給創造需求的明顯例子。那時候，沒人會認為行動電話應該具備這樣的功能。更早期，當行動電話結合相機的功能時，也有很多人認為行動電話結合相機功能，並不能取代傳統數位相機，但行動寬頻漸漸推廣後又加上APP的流行，傳統的數位相機在市場上反而式微了。正因為這部分的功能被日益強大的行動電話和APP取代，也因為數位時代是不連續的時代，因此蘋果電腦的iPhone才可以引領流行，其後創造出的iPad、MacBook Air，還成為業者競相仿效的對象。

回到宗教信仰上，人類對於大自然中不可測的現象，本來就具有畏懼性，只是不可

測的現象或力量並未被形象化或具象化，而韋伯的論點中認為，原始巫術與巫師的存在，讓人類對於這個不可測的力量更具有信服力，原始的宗教信仰大致上就從這裡開始。

商業化的宗教市場中，供給面是多樣化的，宗教信仰供給面的行為其實都是來自市場競爭，競爭宗教的版圖，競爭信徒的數量，其最終目的就是競爭來自信徒貢獻的金錢。

信徒的需求其實是五花八門，尤其臺灣傳統宗教信仰的功利色彩濃厚，會如此，是因為信徒的所求必有所圖，小一點的是求平安健康，求大一點的是財富與官祿。這種需求的產生，與傳統宗教信仰中普遍被接受的靈力有關，易言之，靈力不但是產品也是市場。

前金與後謝

宗教學家繆勒（Max Muller）認為，一個人的信仰態度是以求取個人利益為目的，只要崇拜的對象具有靈驗性，則神明可以被轉換，互相交替膜拜，神人之間的關係就變得很不健全，且相當功利性，此為「交替神主義」（Kathenotheism）[1]。

交替神主義下的信仰行為被視為消費行為，是交易、買賣的關係。信徒所祈的願就是我想與我要，祈願能夠兌現，就表示神明有靈驗、有靈力，一切結果都以此做判斷。功利信仰也重視「兌換率」，也就是為自己所祈的願付出成本，與願望對其帶來的價值，這兩者之間的比率稱為兌換率。功利重視最小成本和最大價值，信仰的交易兌換率也是如此，當兌換率愈高，信徒就認為愈加靈驗。

若成本以貨幣表示，就是信徒要支付多少金錢，即是多少香油錢、香燭和紙錢、供品，如果祈的願可以成真，這些都是關係交易的「前金」。因此，在尚未確定是否靈驗之前，極小化成本的考量，信徒當然希望前金能夠控制在一定程度，或者成本愈小愈好。然而，這樣的做法在信徒心裡會認為是有風險的，正因為前金與期望的比例可能是懸殊的，會讓神明認為信徒的誠意不夠，這會讓信徒祈的願落空，而付出的成本就是沉沒成本[2]。

為了怕最終變成東流水的結局，信徒必須在祈願的同時，像神靈進行另一場交易，就是後謝，向神靈表達只要能夠助其達成所祈的願，就會以後謝的方式呈現他們的心意。因此，前金加後謝才是最終的成本，也是信徒自己認為最有效與合乎投機行為的決策。但信徒相信的是最終靈力，在尚未見到結果前，付出的代價都可能是沉沒成本，因

此要極小化前金，並向不同的神靈祈願，這是保險行為，所以會四處打聽哪個宮廟靈驗，反正也只有車馬費成本，加上少許香油錢，萬一祈的願未能成真，沉沒成本不會太高。當然，這些宮廟沒有對信徒的祈願產生靈驗，信徒對其信仰的強度就會大減。

在此必須說明一件事，在信徒心中，即使同一個神靈在不同的宮廟被供奉，其靈力大小是有差別的，信徒會認為宮廟的規模愈大，其神靈的靈力也愈大。這是循環的結果，「香火」變成是宮廟之間競爭的資源，愈多香火讓信徒愈以為這間宮廟的靈力愈大，靈驗效果愈大，會讓信徒愈願意捐獻香油錢。

若是信徒祈的願成真，他又如何判定是哪間宮廟、哪個神靈，助其成願呢？對信徒而言，靈驗的效果是主觀認知，他可能拜過觀音、媽祖、王爺、關公等諸多神明，只要主觀以為是某個神明助其達願，就對其進行後謝即可。後謝大都是一筆金額較高的香油錢、野臺戲酬神，或者擺供品謝神，而後謝的頻率愈高與規模愈大，也是其他信徒觀察宮廟香火與靈力大小的指標。

靈力的規模效應

神明是在成神之前還是之後有神力、靈力呢？我兩個讀國小的女兒最近迷上《封神演義》章回小說，她們清楚知道很多神明一開始就有神力，另外一些則是受封後才有神力。我們也常聽說，某人被託夢，於是一棵樹或石頭就變成老樹公、石頭公，加上一些人的膜拜之後，似乎很有靈驗，這些靈力就這樣散佈出去。愈多人信仰，得到的靈力就愈大。網路經濟學談到的梅特卡夫定律（Metcalfe's law）和網路外部性（Network Externality），可用來解釋靈力的特性。兩者原意指的是電信網路和網際網路，但也可以運用在人際關係網路。簡單來說，梅特卡夫定律指的是網路價值的大小與規模，是內在的觀點，而網路外部性談的是邊際的觀點，指的是使用者選擇加入網路時的邊際想法如何，這個邊際想法的前提還是服膺自利與效用極大。例如，很多電信公司都提供行動電話門號網內互撥免費的服務，如果你要申請門號，就會評估你的關係網路中，大部分朋友是使用哪家電信公司，這就是你選擇的關鍵。

靈力市場也具有以上的效應，譬如在臺灣的媽祖信徒人數約一千四百萬人，媽祖信仰圈就具有梅特卡夫定律的特質。故靈力的規模以消費論點觀之，香火是否鼎盛，神明

靈力規模是否很大，都影響信徒決定信仰與否，這即是網路外部性的特質，因為信徒關心的靈力對他自身的邊際效果大小，這又服膺功利主義了。易言之，信徒的信仰動機可能受周遭環境的影響，而非自發性的信仰行為，也就是說，一個人所選擇信仰的神佛，可能是大多數人選擇的結果，如果大多數人認為某個神佛很靈驗，他就會選擇信仰這個神佛（非神佛亦可）。

因此，信徒愈多，香火愈旺，似乎代表靈力愈大，這時宮廟就必須設法擴大靈力的規模與效果，否則就無法和其他宮廟競爭，造成臺灣的宮廟大者恆大。大廟也許有其歷史淵源，對於其他宮廟而言有其競爭門檻，對新廟而言，因為傳統信仰有很高的功利性，只要能夠設法營造出靈力現象，還是可以進入競爭市場。

靈力的市場區隔與行銷

信徒除了考量靈力規模之外，也會考量靈力的區隔，簡單來說，不同的需求就須拜不同的神。例如，如果你有書寫的需求就必須買一枝筆，不論是鉛筆、原子筆、鋼珠筆、鋼筆、毛筆等等，都可以滿足不同的書寫需求，這就是功能需求區隔。每一種書寫工具也有其市場規模，原子筆的市場規模最大，製造廠商與品牌也可能最多樣，價格也相對便宜。不同的書寫工具，也有不同的品牌與價格，某些高檔品牌，消費者的價格彈性[3]就比較低。

同樣的，信徒有不同的宗教信仰需求，對應的神祇也就不同。譬如，求財富就拜五路財神、關公或土地公，求姻緣就拜月下老人，求健康就拜保生大帝，求學業就拜文昌帝君或孔子，求航行平安就拜媽祖。當然，神祇除了各有功能化的專業之外，也提供一般的信仰需求，例如每個神祇都可以提供「出入平安」的功能。另外，信徒的某些特殊需求不怎麼光明正大，有人拜狐狸精、豬八戒、老大公，但話說回來，靈力的規模其實並非信徒絕對的指標之一，而是靈力的效果，因此小眾信仰市場當然可以存在。

信徒的需求就是願望能夠達成，只要神明能夠助其完成，他就認為神明有靈力，但信徒也相對存在代價，他必須向神明付出「心意」，許的願愈大，信徒必須付出的心意也要愈大。

信徒對於神明的心意，可能是供品、金紙，或是香油錢。這種心意的表達很直接很坦白，也未曾聽說神明會拒絕信徒的心意。當然，信徒必須評估自己對神明的心意是否符合行情，免得擲筊時沒辦法得到神明的允杯。

從靈力的角度觀之，信徒決定消費之前必然理性思考，他所求的願是否與宮廟提供的靈力規模產生對等。以臺灣的傳統宗教而言，信徒對於靈力的大小與規模其實是透過口耳相傳。這和一般商業行銷活動一樣，一個品牌的知名度與透明度，當然是廠商極力創造與爭取的，因此行銷活動必然圍著品牌與產品，更要在消費者心中烙下忠誠度，提高市場佔有率、品牌佔有率，就是我常提的「心靈佔有率」。意思是，當消費者心中的需求產生時，若要被第一時間提及，並讓消費者產生決策與行動，就必須靠心靈佔有率。同樣的，當一個人心有所求時，第一時間浮現神明與宮廟，就代表在這個人心中具有獨佔性質的心靈佔有率，也就更容易貢獻香油錢。

消費者的選擇，不是選擇這個，就是選擇那個，選擇的背後就是機會成本的概念，哪種選擇對消費者的淨效益最大，機會成本最小，這個心靈的方寸之地，就是企業所要競爭的必要之地。這種佔有代表市場的排擠效果，佔有力愈強，企業築起的護城河愈寬，城牆愈高，排擠的效果當然愈強。

護城河並不容易經營，最終還是廠商必須提高資源的投入並加入市場競爭才有效果。宗教信仰的道理也一樣，絕不是隨便蓋一間廟，信眾就會進入拜拜、燒紙錢、捐香油錢。

也就是說，宮廟必須能夠滿足信徒的需求，信徒才願意對靈力進行消費，有了消費之後，信徒才會對購後行為加以評估與評價，如果滿意，代表這個靈力可以滿足信徒的需求，他才會選擇再購買，或「呷好相報」，進行推薦與傳播。

信徒的行為就是消費者行為。一般廠商在進行新品銷售時，第一步會先對市場與消費者試水溫，最直接、最有效的方式是舉辦試用活動，不管是試吃會、試飲會，或者提供試用包，不僅可以直接接觸消費者，更可以從消費者身上直接得到回饋。當消費者「吃人家的嘴軟，拿人家的手短」效應發生時，自然而然品牌的知名度就可以推播出去，當然也會促使消費者進行消費。

然而，宗教市場也有免費的靈力服務，而且很常見，譬如消災祈福法會就是免費的。但這些都不用成本嗎？當然要。這和商品試吃、試用是同樣道理，目的就是要吸引信眾，一則建立客戶關係，二則維繫客戶忠誠，三則建立市場口碑傳播，但天底下沒白吃的午餐，說穿了還是行銷手法。

宮廟、神壇的宗教服務，或稱回饋活動，除了緊扣與信徒的關係，也藉此產生更大的靈力效果。譬如乩童起乩，是透過神明對乩童附身來解信徒的疑惑與需求，有時以神明收「契子」（即義子女）的方式來凝聚信徒向心。農業時代醫藥不發達，父母希望子女成為神明契子就可以平安健康長大成人，這樣信徒與宮廟、神壇的關係就更密切了。

商業行銷要的是消費者的忠誠度，而宗教信仰市場亦如此，所以只要宮廟、神壇可以扣住信徒的信仰需求，香火就可以延續，靈力的效果也會擴大。就像一家店門口有很多人在排隊，我們一定直覺認為這家店有什麼特殊商品吸引消費者，只要消費者升起好奇心，行銷的目的就已經達到了，接下來就是消費者願不願意跟著排隊嚐鮮了。同樣道理，如果宮廟有很多香客、信徒參拜，我們也會認為這間宮廟的靈力一定很大，所以香火很旺，進入宮廟祈願一定很靈。不管如何，消費端信徒要的是功利色彩下的靈力，供給端的宮廟就必須製造出靈力效應才會有香火規模，所以靈力是人為的！

都市化與祭祀圈的瓦解

臺灣傳統信仰是以祭祀圈方式存在的，並支持鄉里間的宗教活動，祭祀圈的主神大多是先民從大陸渡海來臺時所攜來的神像，或是立地生根時所設立的小廟，例如土地公。基本上，一個祭祀圈會有一間宮廟與主神，並支持一定地理範圍與人口，但有時也會互相重疊，這個結構與學者克利斯泰勒（Walter Christaller）在一九三三年提出「中地理論」（Central Place Theory）[4]的商圈與商閾非常相像。中地是指提供四周居民所需商品與服務的地點，可區分為低級中地與高級中地。低級中地吸引消費者前來購物的範圍較小，而高級中地可從較大範圍吸引較多消費者。

從中地理論不難發現，鄉里一間廟的最小祭祀圈，可能即是宗教的信仰商閾，並支持一個信仰商圈的存在，所以信仰商圈大於信仰商閾。鄉里的廟由村民貢獻的丁口錢[5]維持正常運作；而地理層級較高的鄉或鎮，則支持一個較大的信仰商圈，因為祭祀圈較大，表示可以支持一個較大的廟。這和我們見到的宮廟規模非常相像，信仰圈可能是一個村、鄉、鎮或都會區的範圍，甚至跨都會區，或以臺灣為一個祭祀圈與信仰圈。但信仰商圈有時候會縮小，直到小於信仰商閾時，也可能出現關廟的危機。傳統上，祭祀圈和生活圈相關性甚高，且地理區域幾近重疊，生活互動性高，廟口又為居民休憩與交流的地方，甚至大眾廟或有應公廟也有同樣特性，當地居民捐獻的丁口錢都能支持一間廟的正常營運。

但是都市化後，祭祀圈開始瓦解，丁口錢的收入出現不穩定，加上地區諸多神壇與廟宇的興起，宮廟在人口中的比例開始增加，學者瞿海源、姚麗香在〈臺灣宗教信仰變遷之探討〉，和余光弘在〈臺灣地區民間宗教的發展：宮廟調查資料之分析〉的研究都

指出這個現象。於是，當市場條件開始改變，都會私壇的數量就會大量出現，宮廟的營運就更加有壓力，而這個原因來自於信仰的競爭，此時宮廟必須提出更多宗教服務與宗教商品，取得信徒的支持與消費，但也因此導致宗教信仰商業化與市場化的現象愈來愈明顯。社會學者認為，都市化之後的祭祀圈瓦解，讓巫術與術數活動更加活躍，功利色彩也更加鮮明，宗教信仰不僅可以為公眾服務，也可以為私人服務。

照理，宗教信仰具有道德宣化作用，宗教服務應是普世、福澤四海，而不是為私人服務，但功利化的結果讓臺灣的宗教服務與信仰開始轉變成為私人服務，這種轉變其實是宗教信仰的彼此競爭，加上信徒自利心與私欲相互作用的結果。例如，安太歲早期是單純的鎮宅作用，但後來演變成宮廟收錢的服務，傳統信仰的本質也開始轉變，宛如信徒向神界繳保險費或保護費，希望就可以此保障一年的平安無事，這完全印證了是功利導向的宗教信仰行為。

經濟學小辭典

商圈（the range of a goods）小於商閾（the threshold of a goods），業者會虧本而無法營運；商圈等於商閾時，盈虧相等可以維持基本生存；若商圈大於商閾，則有多餘的利潤可圖。

註釋

1 學者董芳苑在〈對臺灣民間信仰之認識〉一文中指出，靈驗是神明香火能否鼎盛的主要原因，善男信女追求靈驗的結果是：媽祖不靈驗便改拜大道公，大道公不靈驗改拜王爺公，以此類推，各種神鬼都可以交替膜拜以求達到目的。

2 沉沒成本，就像潑出去的牛奶一樣不能被回收，且無法影響未來的成本，對決策也無任何幫助。在行為經濟學中有一項稱之為「損失厭惡」（Loss Aversion），是指人們面對同樣數量的收益和損失時，認為損失更加令他們難以忍受，當沉沒成本被視為損失時，會讓人更無法接受卻無法拋棄，進而影響決策的品質。

3 所謂的價格彈性指的是，當產品價格變動一單位對消費數量的影響。若商品價格稍微上漲，消費量可能減少很多，代表價格彈性高。若商品價格上漲不會影響消費量，就表示價格彈性

低或無彈性。

4 中地理論認為，中地提供的每一種貨物和服務都有其可變的服務範圍，範圍的上限是消費者願意去一個中地得到貨物或服務的最遠距離，超過這一距離，他便可能去另一個較近的中心地。以最遠距離「r」為半徑，可得到一個圓形的互補區域，它表示中心地的最大腹地。服務範圍的下限是，保持一項中心地能經營所需腹地的最短距離。

5 傳統社會的社區或村落百姓，有義務繳交金錢維持該地區公共廟宇運作，繳交的金額是以各戶的人口數計算，男性為丁，女性為口，稱之為丁口錢。（資料來源：陳緯華，〈靈力經濟：一個分析民間信仰活動的新視角〉，《臺灣社會研究季刊》，第六十九期，二〇〇八年九月）

第三章 當信仰成為消費行為

信仰行為是可以揭露消費者真實需求的行為，正是因為希望有求必應，當然不會隱蔽他們真實的需求。

臺灣傳統的宗教信仰具有強烈的功利導向，信徒對神明靈力的需求也是一種消費過程，有靈力的供給，也有靈力的需求。簡單來說，靈力市場就是一個消費市場，在這個宗教市場充滿不同的靈力商品，滿足信徒不同的靈力需求，自然會有不同的靈力價格。

信仰是經濟上的交換關係

學者陳緯華認為，在靈力經濟中消費就是生產，有四項特質：

（一）靈力是商品。
（二）求神就是消費活動。
（三）奉祀是生產活動。
（四）消費就是生產，神是人拜出來的。

從他的研究觀點來看，信仰活動就是經濟活動，本質上就是經濟理論中的生產與消費活動，消費者掏錢買下廠商提供的商品或是服務，信徒與所信仰的神明之間是經濟上的交換關係。

例如，臺灣人會在農曆年前到廟裡安太歲、點平安燈或功名燈，安太歲的價格大約六百元，且各地宮廟不分大小幾乎相同。這是因為商品一般化，具備價格競爭的特質，於是安太歲和點功名燈的價格不會太高。直言論，安太歲此類的宗教祈福活動亦是一種交換與對價服務的關係，用金錢交換一種出入平安的保險服務。

從行為上看，信徒要對神明保有虔誠之心，最好是從行動上表達心意的大小。但從神明的角度思考，需求最強烈的信徒理當分配到靈力，所以靈力的分配與否，會由信徒的需求大小來決定。但需求大小很難進行排名來分配靈力資源，後來卻變成信徒願意支付的總價格，來決定是否能夠被分配到靈力。

例如，我在大學開課的選課人數是有上限的，選課成功與否有可能必須靠機率（電腦抽籤），若是混成績想畢業的學生選到課，必定會排擠有學習動機的學生，這就是很公平但不具效率的做法。因此我會在課程說明中加入門檻，譬如將出席成績設定在四成，如此就能篩選混成績的學生，留下名額給有修課需求的學生。

有位經濟系教授為了正確找出真正有學習動機的學生，他請選課的學生去捐款，然後憑捐款收據來選課。這樣的篩選方式有所爭議，正如哈佛大學桑德爾（Michael

J. Sandel）教授在《錢買不到的東西：金錢與正義的攻防》（*What Money Can't Buy: The Moral Limits of Markets*）書中所提，當金錢可以買到任何東西之後，正義又在哪裡？但這要分兩個層面來論：

（一）用錢買的東西不見得具有正義性。

（二）金錢可以表達需求大小。

教授用捐款收據來認定學生選課的需求，利用的就是後者。但此舉會排擠沒錢但有選課需求的學生，這就是經濟學所謂市場失靈（Market Failure）[1]的問題。

從選課的案例可以得知，如果靈力的分配必須具有經濟效率，就必須把靈力資源分配給對靈力需求最高的信徒，但現在宮廟安太歲方式已經網路、手機化，信徒是否親自到宮廟已經不是重點，但依然可以取得同等的靈力效果，這樣就無法篩選出信徒的真實需求。對信徒而言，反正有繳費即有保障效果，對廟方而言，只要有收到錢即可，需求強烈與否並不是重點。於是乎，安太歲商品化之後，信仰已經徒具形式，信徒功利主義性格更為明顯。

從市場經濟來看，如果消費者僅需要徒具形式的需求，供給方也就會創造徒具形式的商品，反過來亦同，各取所需何樂不為呢？從古典經濟的以物易物，類推到利益交換的功利化宗教信仰，道理都是一樣的。

明牌不靈，小廟遭殃

臺灣的傳統信仰中，民眾之所以對某個神明有所信仰，大抵上是這個神明的靈力，譬如未婚男女拜月下老人，是因為月下老人可以提供未婚男女姻緣的靈力，對未婚男女而言，姻緣的靈力就是商品。但把靈力抽離之後，神明對於信徒而言是否仍夠繼續保有信仰？就像武俠小說常會論及，一個武學大師之所以會被崇拜，乃在於他的絕世武功，萬一哪天他的武功被廢了，他還能叫武學大師嗎？還能被繼續崇拜嗎？答案恐怕是否定的！同樣的，傳統信仰之所以被信仰，其背後的原因就是靈力，信徒相信的就是靈力，以及靈力的大小與規模，至於靈力是哪個神明所提供的，或是否為神明所提供的，並不是重點，重點在於靈力是否對其有效。

臺灣在一九九〇年前後經濟起飛，股市以極短時間攢破萬點，民間財富開始大量累

積，當時臺灣錢真的是淹腳目，那時候菜籃族都是股民，但純樸的社會風氣卻一下子利欲薰心，還有大家樂和六合彩賭博運動，很多人為了一夜致富便瘋狂簽賭，只要逢災難和名人時勢，都可能是支明牌，於是求明牌的風氣出現於各種超自然現象，凡是大小廟宇、道觀、樹木、石頭都可能浮現明牌，當時最受彩迷歡迎的廟宇包括北海岸的石門十八王公廟，以及位於新店市祭拜臺灣第一個銀行搶犯李師科的廟宇，還有很多陰廟如大眾爺廟，都是民眾爭相前往問明牌的地方，神壇更是熱衷報明牌，舉凡三太子、濟公都是民眾口耳相傳靈驗的明牌提供者。

在大家樂和六合彩盛行的年代，靈力是彩迷和樂迷最關切的因素，是否可以爆出明牌讓他們一夕致富，不管是正神也好陰神也罷，好兄弟亦可，只要中彩什麼都好談，但萬一報的明牌不準，就造成很多神像被毀，小廟被砸，連乩童也難倖免。

靈力是信徒所看重的，靈力商品化也是經由靈力的施展來滿足信徒的需求，凡是宮廟所提供的靈力物品，只要信徒認為有用，自然就願意掏錢。說好聽是隨喜，但其實是巴著信徒的需求而來，當需求愈大，信徒願意隨喜的金額也就愈多，這本來就是一種剝削，而且還是一個供給方市場。當然，如果靈力的效果讓信徒認為具有獨特性，就是獨佔市場的價格製造者，於是光看靈力的售價，就可以看出靈力的效果，但這效果不一定保證實現。

因此在商品化的信仰市場，供給方的宮廟當然可以依據不同的祈願需求，設計不同的宗教商品。從經濟理論觀之，宗教商品市場就是價格歧視的市場，供給方（宮廟）完全可以取得消費者（信徒）的剩餘，根據不同的需求，收取不同的費用。

此外，信徒祈願是希望神明可以助其實現，因此從價格彈性來看，若宗教服務有其特殊性與必須性，宗教活動的價格對於信徒而言，價格彈性非常低或是無彈性。因為信徒必須對所膜拜的神明坦誠——心誠則靈，從信徒的行為而言，他不會有保留價格，所以信徒付出的代價必須毫無保留，甚至超出能力才能表達他對神明的虔誠心意，因此除了宗教商品的訂價之外，信徒有可能再加碼以表達心意。

所以一般的點燈收費是一致的，但較為複雜的祈福活動，如拜斗，求健康、求財富，信徒當然願意付出更大的心意。從公平理論來看，求的多付出的多，這是合理的。在心誠則靈的宗教框架之下，信徒相信神明是有神通的，在舉頭三尺有神明的認知下，信徒的行為是受到絕對的監督。信仰行為是可以揭露消費者真實需求的行為，正是因為希望有求必應，當然不會隱蔽他們真實的需求。

宗教小辭典

乩童：在道教儀式中是人與神或鬼之間的媒介。分為文乩與武乩，文乩起駕會吟唱、口述，幫信眾解惑，武乩以驅魔鎮煞為主，繞境時手執七星劍、鯊魚劍、月斧、銅棍或刺球，以顯神威。

註釋

1 經濟理論認為，在個人願意付費的價格基礎上，社會中所有的財貨會以此標準加以製造生產，所有的交易，以任何可能增進福利的型態進行，所有的企業以最高效率生產財貨或服務，並追求最大利益，所有的消費者皆能得到最大的效用。但在現實世界中，因受到許多因素，使市場無法達到完成競爭、供需理想狀態。實際上市場機能並無法充分發揮，滿足預期的經濟效率，價格機能可能會失效，稱之為「市場失靈」。

第四章

文昌帝君，我能考上博士班嗎？

——信徒的經濟行為

信徒捐款蓋廟和宮廟的數量，究竟與哪種經濟現象有關？我們可以假定，臺灣人蓋廟行為一定和某種經濟現象脫不了干係。

我的高雄老家靠近海邊，附近有幾間王爺廟和媽祖廟，每隔幾十年會有一次作醮廟會。在我小學二年級時發生大火，燒毀了幾艘漁船，附近的社區也燒得幾乎一乾二淨。說也奇怪，我家後面的王爺廟沒有受創，僅被薰黑而已，王爺神像也是完好如初。這讓人嘖嘖稱奇，難不成是神蹟降臨？這件事在社區裡是個大事，神威顯赫是唯一能夠形容的用語。災後社區重建，社區居民不僅要籌錢重建自己的家園，還額外籌錢重建這間王爺廟，後來王爺廟規模變大了，也成為社區的信仰中心。

我很好奇，如果王爺能夠神威顯赫保自己的廟免於祝融肆虐，為何會讓社區毀於一旦呢？還是王爺的神威僅能保自己，無法澤披給我們？事實是，王爺廟緊鄰巷道，當時巷道成為大火的防火巷，消防隊可以在這裡灌救，也許就是位置、時間的巧合，加上消防隊的灌水搶救，王爺廟就這樣倖免於難，而我們因為見到王爺廟安然無恙，就以為是王爺神蹟降臨。

吃不飽也要借錢蓋廟？

現在這間王爺廟的規模還是一樣，但香火差多了，因為社區人口結構嚴重老化，年輕人幾乎都外移了。我的另一個老家在高雄林園，人口結構也是老化，居民的信仰還是王爺和媽祖。有一次我到岸邊，看到一間巍峨、嶄新的媽祖廟。我很好奇，從金融海嘯後臺灣的經濟並沒有多大起色，失業率高、經濟成長率低、人民實質所得降低、可支配所得也降低，估計這間廟也得花幾千萬元才蓋得起來，難到社區居民都這麼有錢可以奉獻蓋廟？

富麗堂皇的媽祖廟與周邊破舊的漁村建築，形成強烈的對比，難不成臺灣人再窮、再沒錢，廟還是要蓋、神還是得拜，香油錢還是繼續捐嗎？可以肯定的是，香油錢就是錢的支出，直接排擠掉民眾的可支配所得。幾年來，很多宮廟的香油錢收入大不如前，甚至淪落到要破產拍賣，但信徒的信仰行為沒多大改變，甚至還想從神界求得更多好處。只要是為了私利的信仰支出，信徒還是可以繼續掏錢買單，甚至加碼買進，這和買彩券一樣，買多一點，中獎機會就多一點。當然，有些宮廟也會不堪信徒到廟裡「乾拜」，卻分文不捐，面對香油錢愈來愈少，但開銷愈來愈大，廟公也會跳腳，甚至被管委會減薪，乾脆一點就希望別的廟來購併，或者拍賣了事。

信徒捐款蓋廟和宮廟的數量，究竟與哪種經濟現象有關？我們可以假定，臺灣人蓋廟行為一定和某種經濟現象脫不了干係，而蓋廟必須要有土地與資本，總括來說就是需

要一大筆錢。這筆錢不會憑空從天上掉下來，一定是來自信徒的捐獻，當信眾的口袋有錢時，會不會是蓋廟速度最快的時期呢？

臺灣的宮廟總量是個未知數，這個原因來自於很多宮廟沒有登記，另外原因是到底多大規模的廟才算是廟？田間的土地廟、石頭公和樹頭公算不算？另外就是一間廟可能祀奉多位神祇，譬如可能同時祭拜媽祖與觀音，那要算媽祖廟還是觀音廟呢？

學者瞿海源、姚麗香曾在〈臺灣宗教變遷之探討〉一文中指出，宮廟在一九七〇年之前的成長有限，一九七〇到一九七五年增加較快，是因為一九七〇年代有個特點，當時剛好是十大建設期間，臺灣經濟成長正值起飛期，也就是我們常聽到的「經濟奇蹟」，同時是經濟成長率最高的年代，在一九七八年達到一三．四九％的歷史最高點，這段時間也是從出口擴張走到第二次進口替代，那時民間財富迅速累積，宮廟的數量也增加。但一九七八年之後，進入產業升級的年代後，經濟成長率開始下滑。其實臺灣所謂的經濟奇蹟，按經濟成長的階段論來說，也就是經濟起飛期，根本不是奇蹟，而是一條必經之路。走入成熟期後經濟成長率自然減速，逐漸往大眾消費階段前進，服務業開始領先製造業，這也是一條必經之路，非一條衰退之路。

以內政部資料，一九九七至二〇一一年，宮廟的成長率（除二〇〇二年宮廟重新登記之外）約在一％以下。也就是說，宮廟的增量與臺灣經濟的發展脈絡是有一致性的，人民的財富增加了，廟就蓋多一點，蓋快一點，民間財富縮水了，蓋廟的速度與數量就慢了。依照學者余光弘〈臺灣地區民間宗教的發展：宮廟調查資料之分析〉指出，一九五九至六〇年、一九六二至六三年、一九七二至七三年和一九七九至八〇年這幾段時間，宮廟、教堂數量都有躍升的現象上。這兩份研究都說明一九八〇年以前，宮廟數量維持成長趨勢，也證明經濟成熟期以前和宮廟數量具有一致性的發展軌跡。

有社會學者認為，臺灣的宮廟量減緩很大原因是幾次宗教斂財事件的負面影響，但過去宗教斂財的主事者與團體如今還是安在，甚至更加蓬勃發展，蓋的廟更大更宏偉，只是這些建築物不適用廟的定義罷了。所以我認為，新建宮廟數量減緩的最大原因是因為民眾口袋裡的錢變少了。

最佳拍檔乩童與桌頭

從消費行為來看，宗教信仰會影響消費者的行為，但反過來說，我們也只是從眾多的信仰商品中選擇一個我們合意的商品來加以信仰。我們如何做選擇呢？大致上會從接

觸開始。有人告訴你，這個宗教可以幫助你如何如何，你願不願意接受呢？因此，你必須要有一個訊息來啟發和引導你的選擇。

偶爾會有朋友推薦我某個信仰，我很納悶的是，信仰如何能被推薦？我是個自主思考非常強烈的人，我不需要別人推薦的商品與消費，同樣的，我也不會去推薦別人選擇商品與消費。當年，我為了考博士班，老婆大人帶著我跑了好幾處宮廟，當然也包含文昌廟和孔廟。坦白說，我是個無神論者，要我借助於一個不可知的力量，來引導我做出選擇，我絕無法接受。

「你總是要問文昌帝君和孔子，到底能否考取博士班吧？」老婆大人這般說。怎麼驗證呢？很簡單，臺灣人的做法就是求籤、擲筊，我也依樣畫葫蘆向文昌帝君與孔子說明來意：信徒某某某想請問，我能否考取博士班？接下來就到籤筒抽出一支籤。根據習俗，要抽取最突出的那支籤，然後拿著這支籤再向文昌帝君、孔子確認是否就是這支籤。做法就是擲筊，如果是聖筊，就確認了；如果是笑筊，代表神明對你的選擇無法確認，或者不知何意；如果是怒筊（陰杯），表示神明不認同，就重新再擲筊請示。

這種過程很有意思。一開始是信徒向神明請示，所以問題是可以被設計的，而不是神明直接告訴信徒答案，所以擲來擲去、問來問去都是請神明針對提問指示。譬如我可以這樣問：文昌帝君在上，信徒想問我是否可以考上臺大博士班？如果是聖筊，答案就有了，如果是笑筊，就再擲筊，是政大嗎？就這樣一路問下去，總會有個聖筊。

擲筊是問神明的意思，也就是旨意，因為神明不會開口和信徒對話。在傳統信仰，普遍認為神靈的旨意必須能夠傳達給信徒，就必須要兩個角色來傳達，一個是乩童，另一個就是桌頭。前者很多人都清楚，但後者的角色很多人並不清楚，尤其是對傳統科儀不清楚的人更不知後者是個吃重角色。

簡單來說，信徒不懂神鬼語言，乩童的角色就是透過對神靈的感應「跳童」後神靈附身，來傳達信徒與神靈之間溝通的訊息。起乩後，乩童原本的自我已經解離，變成是神靈的代言人，但這些鬼神語言還無法被信徒所理解，此時必須靠資深的傳譯者，就是桌頭，來扮演這個角色。桌頭是乩童與信徒間的溝通橋樑，就像同時扮演編碼與解碼的角色，將神靈的訊息透過乩童，桌頭正確解碼後再傳達給信徒，接著將信徒的訊息編碼後傳達給神靈。

桌頭的角色相當吃重，又和乩童焦不離孟，臺灣俗諺：「一個童乩，一個桌頭」道理就在這。一般來說，桌頭都是資深乩童，他不僅得熟知很多歷史典故、中藥典籍，還必須能明察信徒的眼色，所以我們常見到桌頭會開草藥給信徒回去服用，當然，桌頭早

已先問過信徒的狀況，然後透過乩童作法，傳達給信徒，就這樣信徒以為是神靈的指示。然而，到底是桌頭和乩童唱雙簧，抑或真的神靈指示呢？《敲開陰間大門》書中提到，乩童與桌頭的雙簧其實有些真的是演出來的，但重點是要演得似真，就必須靠乩童的演技，輔以桌頭的幫襯，才能夠讓信徒信以為真，才會貢獻香油錢。

筊杯的疑惑與曖昧的神明信息

我們總是摸不透神明的心意與旨意，因為訊息不怎麼明確，於是透過擲筊決定就可以明確。以理論機率來說，二分之一的機會可以獲得明確的指示：聖筊。但根據實驗統計，擲筊或者擲硬幣的機率，正反面的機率其實不是二分之一。

美國史丹佛大學教授戴爾哥尼斯（Persi Diaconis），對於硬幣正反面的機率進行研究，硬幣在拋出時朝上的那一面，在停止旋轉後朝上的機率較朝下的那一面高。如此，擲硬幣非機率問題，而是物理問題。想必擲筊也不是機率問題，因為筊杯的構成質量與形狀並非均一，加上長年使用，或多或少皆有破損，因此擲出的機率怎麼說也不是二分之一，如同塗了奶油的土司從桌上掉下來，大都是塗了奶油那一面朝下一樣[1]。

新北市林口國中學生參加「第五十屆中小學科學展覽會」得到最佳鄉土教材獎，他們的題目正是「筊杯的疑惑」[2]，我覺得這個題目實在太有趣了，正因為最大的趣味，其實是來自我們深自以為的事，擲筊的機率，真的是二分之一嗎？這些學生從材質、大小、擲拋角度，和彈跳進行實驗，結果證實擲筊機率真的不是二分之一。因為筊杯是非均質物體，所以掉落時會改變方向，也因為兩個筊杯的動能不同，而使撞擊地面時產生彈跳和翻轉。於是，這群好奇的國中生希望透實驗進而改善筊杯，設計出一個公平機率的筊杯。

每一副筊杯的機率都不一樣，這就呼應了宗教人士認為的神意不可測說法。

正因為神意不可測，所以我們把需求推到不可知的神界，企圖從中找到訊息，這樣我們的疑惑就可以被解釋。假定神明代理人可以很精準的傳達神界的訊息給信徒，沒有扭曲與捏造，我們就把這個訊息當成神界給的答案。訊息是宗教信仰中相當重要的程序，我們會把訊息視為指示或導引，這在傳統信仰中司空見慣，只是我們沒有辯證，為何需要來自天上或地下的訊息呢？

信徒的自利選擇

很多人都有發財夢，但能不能發財是機運。從經濟行為來論，想發財這件事其實可以改變一個人的偏好。我也做過發財夢，但我深知這輩子沒有偏財運，與其天天想發財，還不如有個穩定的工作與收入比較妥當。我去過南投竹山的紫南宮，向土地公婆求財，其實動機是想親身體驗求金的過程，而非真的想借錢。根據求發財金的程序，信徒有二分之一（實際上應不是）機會獲得土地公婆指示。若是真的很缺錢，可以商借六百元，有四分之一的機會可借五百元，以此類推，直到第六次都得不到聖筊，機率是六十四分之一，代表土地公婆認為這個人不缺錢。從機率上看，缺錢的機率當然高於不缺錢的機率。

求金結果的解釋也非常有意思。求金規則明示要花掉這筆錢去生財，不能用於投機與賭博。因此，求金者的行為模式可能會改變，變得比較敢在事業上冒險。而常理告訴我們，風險與獲利經常是一體的，當求金者的態度與行為模式改變了（可以說變得比較勇敢積極），他也許可以獲得一筆收益，也許是生意成功，也許是創業有成，合理化這樣的結果後就可以解釋成獲得土地公婆的庇佑了。因此，我們是不是可以這樣說，信仰其實可以改變信徒的行為模式，而這個改變是來自神界的訊息。

我看過電影《聖戰士II：空降信條》，講的是三個美國傘兵空降到法國作戰的故事，其中一個中士提到，他選擇自願從軍的理由是他在教堂祈禱很久，祈求基督給他一個指示，最後他得到的指示竟然是要他志願從軍。他的父親是教會的牧師，面對獨生子可能戰死而想勸他打消念頭（私心），卻又無法抗辯來自於基督的訊息，只能消極的接受這個事實。我認為導演在鋪陳這個場景時的張力不足，但卻點出宗教信仰矛盾的問題。我的想法是，把選擇的結果（其實是被選擇）歸因於神明的訊息指示，在某些場合（如戰爭）是不是更容易被拿來利用呢？

譬如某些極端的宗教，以二〇一二年是馬雅曆的世界末日為理由，選擇集體自殺，就是相信神明的指引與訊息是對的、不可逆的，必須服膺這樣的選擇。但選擇的背後依然是自利的，也許是求來世幸福或脫離到另一個世界，但不管怎麼看待，這些教徒依然是服膺自利的選擇，他們選擇且深自以為自己的選擇是最有利的，但他們只不過是按照對自己最有利的方式，去執行神意罷了。

宗教小辭典

文昌帝君：又稱梓潼帝君、文昌君，是保佑與考試相關的神祇。古有「北孔子、南文昌」之謂，在四川亦傳說，文昌帝君能降伏五瘟神。此外，文昌帝君與大魁星君、朱衣星君、純陽帝君、關聖帝君，合稱「五文昌」，皆受學子們祭奉。而文昌帝君的陪祀神，是「天聾」與「地啞」兩位書僮裝扮的神祇，代表：文運人不能知、文人須謙卑少言，與天機不可洩漏等意思。

註釋

1 馬休斯（Robert Matthews）實驗證明，土司掉落地面通常是塗有奶油的那面朝下，獲得一九九六年搞笑諾貝爾物理獎。他根據莫非定律找了英國各地超過一千人參與實驗，七成是小學生，三成是中學生，他進行超過兩萬次實驗，最後結果是塗有奶油那面落地的比例是六成二，比學者預期的高出一成二。

2「筊杯的疑惑」內容請參見：http://activity.ntsec.gov.tw/activity/race-1/50/pdf/030117.pdf。

第五章

愈窮困的人，捐款愈多？

收入較低、教育程度較低，又失業者的捐款反而比其他人高。

根據主計總處的統計，約有五百三十多萬人曾經捐款給公益團體，平均每年捐款總額約四百三十億元。中央研究院的調查[1]亦顯示，半數以上民眾曾經捐款給宮廟、教會等宗教團體，顯見臺灣民眾對於宗教信仰的投入相當熱衷。

宗教捐款男女大不同

中央研究院曾經進行四次的「臺灣社會變遷基本調查」（一九九四年、一九九九年、二〇〇四年、二〇〇九年），以捐款金額而言，在二〇〇九年第五期第五次的調查中，捐款金額為三千五百七十一元，在分項變數上，女性的捐款金額（三千六百一十元）略高於男性（三千五百三十四元），都市女性（四千八百八十九元）又更高於男性（三千三百四十五元），但鄉村男性（三千七百一十八元）卻高於鄉村女性（二千二百九十元）。在歷次的統計上，大部分民眾的捐款金額大致在一千元以下和一千零一元至三千元居多。

這種男女有別的捐款行為大致上符合預期，女性普遍較為迷信，因此捐款金額高於男性，都會女性因有薪資所得，捐款金額更高於男性，但鄉村女性因所得較低或無所得，當然捐款金額更低於鄉村男性。

若以宗教區分，根據四次的統計，民眾對宗教的捐款經驗大部分以佛教和民間信仰為主，道教再其次，基督教與天主教就更低了。

捐款的目的，則以消災祈福做功德、感恩奉獻、回饋社會、佈施修行，與建廟、修廟為主，但以建廟、修廟為捐獻目的，反而四次的調查中出現逐年遞減現象，而且非常顯著。

根據學者楊莉婷[2]以「臺灣社會變遷基本調查」第五期第五次的研究指出：

在社會變數中：

（一）女性的捐獻金額較男性高。

（二）年齡較高者捐獻金額呈現顯著，捐款金額也較高。

（三）都市地區比鄉村地區捐獻金額較多。

（四）已婚者較未婚者捐獻金額高。

（五）教育程度較低者比較有願意捐款。

（六）無工作者捐獻金額呈現顯著，捐款金額較有工作者高。

（七）個人所得較高者，捐款金額也較多。

另在宗教行為變數中：

（一）以祈禱次數愈頻繁者捐獻金額顯著，且捐款較多，自評宗教強度呈現負顯著。

（二）在宗教團體的影響力越大，捐獻金額越高。

（三）無祭拜祖先者的捐款金額，較有祭拜祖先者高且呈現負顯著。

上述的研究同時指出：

（一）當民眾有宗教信仰行為時，將會增加十四倍的捐獻金額。

歷次臺灣社會變遷調查捐款經驗宗教分配圖

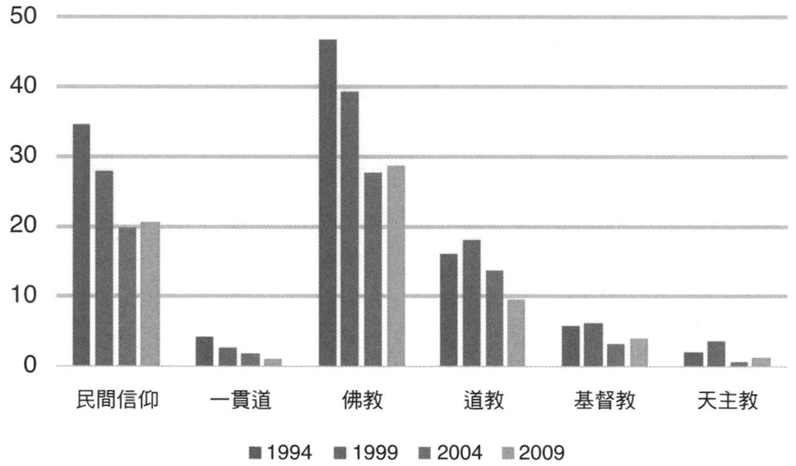

資料來源：中央研究院「臺灣社會變遷基本調查」

（二）當有生活體悟者，將會增加三倍的宗教捐獻。

（三）女性每增加一單位的捐獻，會比男性多〇・四倍。

（四）年齡每增加一歲，會多捐款約五十元。

（五）居住鄉村者，會比居住都市者減少〇・七倍的捐獻。

（六）未婚者較已婚者，多增加〇・八倍。

（七）每減少一年的教育機會，會增加約二十五元的捐獻。

（八）無工作者，較有工作者增加三・一倍的捐獻。

（九）月薪增加的民眾，每年會增

歷次臺灣社會變遷調查捐款行為分配圖

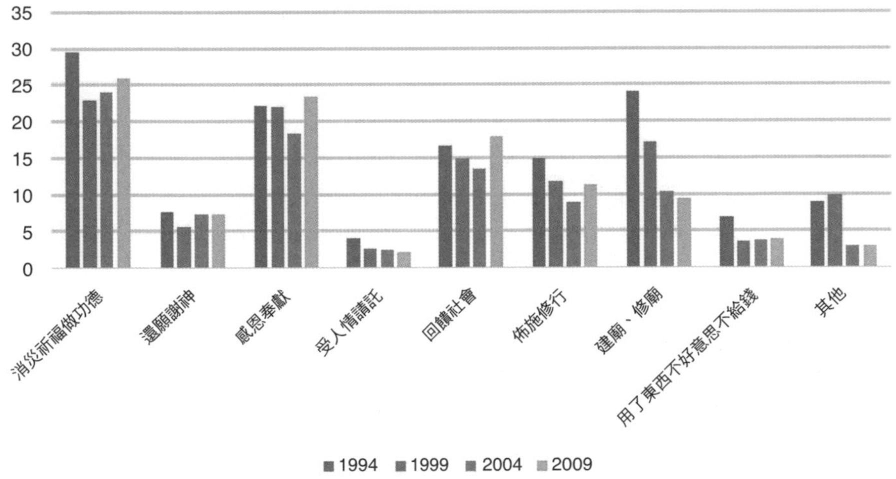

資料來源：中央研究院「臺灣社會變遷基本調查」

加約一百元的捐獻。

（十）每增加祈禱次數，會增加八十三元捐獻。

（十一）較有宗教信仰者，會增加二百五十元的捐獻。

（十二）在宗教團體擁有的權力愈小者，會增加三百七十元的捐獻。

（十三）有祭拜祖先轉為無祭拜祖先者，會提高四〇%的捐款。

信徒捐款與經濟景氣

在經濟學的供需模型中，供需會導出均衡價格與均衡數量，經濟學家也常用價格與金錢來表示需求與效用。當然，宗教也會有金錢的活動，譬如捐獻以及宗教服務的收費。學者劉怡寧和瞿海源在〈塵世的付出，來世的福報：臺灣社會中的宗教捐獻現象〉文中指出，「隨喜功德的價值觀下，付出金錢的多寡端視信徒們內心如何估算奉獻與回報之間的關係，從歷史上的宗教發展經驗觀之，可發現在諸宗教的教義及理念中，並不認為世俗的金錢和神聖的宗教情懷之間存在著無法跨越的鴻溝，也不會單純地將金錢簡化為罪惡之象徵。相反的，反倒將金錢的世俗性格，做了神聖性的轉化，使得信徒們得以藉著金錢奉獻的行為，確證自己的宗教虔信度，化解了神聖領域和世俗領域所可能隱含的矛盾衝突之處。」

上述的觀點是很容易理解的。以一個消費者對一件事物的需求而言，當然表現在他願意為此支付的最高代價，以需求線而言，在線上的任何一點，即代表消費者在對應某個消費數量上，他願意支付的最高價格。於是，當需求提高（需求線外移），也就代表消費者願意支付的代價提高了。所以，宗教捐獻的金錢與財富的多寡同樣代表信徒對於宗教信仰的需求強烈與否，以及他的虔誠程度，而金錢的世俗性格則被「婉飾」（euphemism）了，世俗的金錢與宗教之間並未衝突與矛盾，也不是罪惡的工具，如添香油錢這件事，金錢已經被轉化性質了。

民眾宗教捐獻的目的，主要還是消災祈福做功德，這種屬於自利的宗教活動相當活躍，尤其是在私人神壇更為普遍，而且和經濟榮枯與否沒有顯著的關連，正因為這屬於私利的部分。但景氣的榮枯與否，對於其他目的宗教捐獻金額就會降低，這與民眾的所得消長有關。

從家庭實質可支配所得[3]可以得知，家庭實質所得的趨勢是向下滑落，尤其是農戶家庭實質可支配所得在二〇一〇年僅有七十二萬四千九百九十三元，是自一九九六年以

來的新低，與收入最高點一九九九年的八十五萬四千五百九十六元相較，僅達八五%，可見臺灣農戶家庭收入一年不如一年。

企業主大額捐款的真實目的

我對宗教捐款的好奇心，其實不僅止於信徒的一般性捐款金額與捐款行為，當宗教捐款是一筆大額捐款時，信徒的動機與目的更是令人好奇，想要一窺究竟。在功利信仰的架構下，信徒的捐獻本質上就是一種交易與消費，心有所圖，也希望有所得利，更功利一點說，宗教捐獻也可以是一種投資，這種投資行為並非所謂的社會企業，而是更朝向私利的初衷。

臺灣這幾年相繼發生多起食安事件，因民以食為天，食安的問題當然會演變成民間的恐慌，並轉化為憤怒。這幾次食安的問題尤以二〇一四年九月的餿水油、飼料油事件為甚，最大爭議非頂新集團的三董魏應充莫屬，連帶的魏應充在宗教團體的角色也被放大檢視。但如果外界僅僅把焦點放在這個論點上，僅僅只是「系統一」[4]的情緒發洩，卻忽略透過「系統二」解析這當中到底是結構出問題，還是信仰的行為與誘因出了差錯呢？失焦的論點並無助於解析事件的本質，也無助於解決問題。

臺灣傳統宗教信仰普遍具有功利色彩，信徒的捐贈是今世投入與來世消費的行為，在功利的本質有服膺效用極大的前提，信徒的捐贈不管如何只要有所求，都脫離不了功利與自利的框架。

但企業或個人對宗教組織的大額捐贈，究竟圖的是什麼？社會學者或宗教學者對此並沒有太多的討論，就現況來說，臺灣人對宗教組織的捐款行為的確很複雜，而這些複雜的因素又涉及到隱諱的動機時，我認為並無法透過數量化的研究彰顯出來。直觀來論，從經濟分析的角度來思維，邊際上，升斗小民與企業主的捐款效用其實是不對等的，這當中的差別應在於升斗小民的捐款並沒有享受到宗教團體所溢出的「外部經濟」，這裡指的是企業主的捐款在超過一定金額後，除了原先的功利預期的效果外，尚有某部分的效用來自於宗教團體本身所提供的非實質效用，譬如名聲、地位和關係連結，這些非實質的效用可以視為一種資產，這個資產，也許才是企業主大額捐款的真實目的。

我們常說升斗小民努力工作得到的報酬率，絕對比不上資本家以錢滾錢的資報酬率，同樣的，對宗教捐款的報酬率當然也不及於資本家、企業主的報酬率，正因為升斗

小民享受不到宗教組織的外溢效果。

名聲與地位對每個人來說都是資產，但不見得可以用價錢買到，經營名聲與地位對升斗小民而言更是困難，維繫的門檻與成本當然很高，而且必須經年累月的精神投入。但資本家或企業主對宗教組織捐贈當然可以獲得名聲與地位，如果這個宗教組織對社會具有一定的影響力，金錢捐贈所獲得的非實質報酬就更為驚人，正是這個宗教組織所外溢出來的效果大到可以視為一種資產，那麼，這種捐贈行為坦白說是一項奢侈性的消費，或者是一種炫耀性消費與投資。

就像一般人可能帶廉價的電子錶，有錢人可能帶豪奢的精品錶，一般人僅能享有手錶的報時功能，但有錢人在乎的是國際精品的品牌效果彰顯其是個有錢人的價值，而不是在乎這個手錶是否準時。也就是說，有錢人並不在乎商品的物理性功能，而是在乎品牌與符號所傳遞並外顯出的價值，這就是「名牌」所傳遞的外部經濟，但這些奢侈品的外部經濟早已被內部化成價格被有錢人買單了。美國社會學家韋伯倫（Thorstein Veblen）在《有閒階級論》[5]（*The Theory of the Leisure Class*）一書中認為消費者購買一個產品，若該項產品的價格並非由產品本身所決定，卻是由提供產品的環境和包裝所決定，而且價格愈貴愈有人買，稱此現象又名為「炫耀性消費」（Conspicuous

Consumption），而消費者所購買的這類商品則被稱為「韋伯倫商品」（Veblen Good）。

我認為大額的宗教捐款本質上不脫上述炫耀財與韋伯倫商品的特質，因此，我們當然不能「等閒視之」，認為大額的宗教捐款僅僅是「為善」罷了，更重要的是這動機一定存在有「符號價值」所彰顯出的社會地位、形象、聲譽等外部經濟的效果，這些當然可以視為一種「無形資產」。有經濟學家認為韋伯倫的說法違背需求定律，但張五常教授分析認為炫耀財並沒有違反需求定律，只是人們消費炫耀財時，同時也是購買「炫耀」這個商品。直言論，販售炫耀商品的業者早已將炫耀的效用內部化到商品價格內，同樣的，宗教捐款對資本家或企業主而言就是對「符號」的炫耀消費與投資，如果宗教團體也符合需求將之內部化，豈不是一種「上下交相賊」，將信仰行為世俗化成營利行為了嗎？

收入低、教育低，捐款反而多？

這幾年，不僅是家庭實質所得降低，連實質薪資收入（包含經常性薪資與平均薪資）亦同樣降低，但臺灣的物價水平其實不高，排除季節因素與氣候影響，物價在一九

八二年以後，大約保持在五%以下，相對於香港、新加坡和韓國，臺灣的民生物價算是平穩。這就衍生出一個關鍵問題，臺灣的家庭收入並無太大的成長，在低於物價成長率之下，實質收入卻出現逐年減少。

曾有學者指出，臺灣的薪資收入普遍低落的原因，其實最大的關鍵來自於產業結構的問題，因為產業並沒有與時俱進升級與改造，仍留在代工與加工的階段，導致勞工成本與世界各國相較竟然是廉價勞工。

根據美國勞工部最新發表之「二〇一二年國際勞工比較」[6]，以製造業而言，僅考慮每小時的成本進行比較，由低往高進行排序，臺灣是有列入統計的國家中排名（由低至高）第六位（八・三六美元），韓國排名第十四位（十六・六二美元），新加坡第十五位（十九・一〇美元），日本第二十一位（三十一・九九美元）。以臺、韓做比較，臺灣的製造成本僅是韓國的五〇・三%，換句話，韓國製造成本幾乎是臺灣的兩倍，但臺灣僅領先波蘭、墨西哥、菲律賓、印度和中國大陸。由此觀之，臺灣的勞動力成本水準真的很便宜。由美國勞工部的調查報告可以得知一個訊息，臺灣不僅產出高、生產力高，但成本卻低，而勞動成本卻處於衰退的地步，這是不是說臺灣製造業的薪資結構，有意無意間以低成本的方式來取得競爭力呢？

回到主題，信徒的捐獻會隨著景氣波動與收入而變化嗎？我們已經知道臺灣的家庭實質可支配所得是逐年下降的，整體的ＧＤＰ成長率在過了經濟起飛期後，年成長率也開始下降，大盤加權指數也未見再突破萬點大關。整體來說，一般人口袋裡的現金其實是不多的，在過去臺灣錢淹腳目的年代大量出現的宮廟與神壇，此時就會出現僧多粥少的問題，香油錢的營收下降，甚至入不敷出，因此神壇與宮廟不得不以更功利的手法爭取信徒的香油錢。

根據學者楊莉婷的研究，教育程度較低者比較願意捐款，無工作者捐獻金額也顯著，且捐款金額較有工作者為高。這可以發現一個趨勢，即是當大家收入變少時，宗教捐款的意願是降低的，且金額也會變少，但收入可能較低、教育程度較低又失業者的捐款反而比其他人高，這層問題社會學家並未提出解釋。

愈窮愈迷信？

經濟學在討論所得問題的時候，經常以購買力或是實質所得來探討需求量，隨所得改變而改變的結果。假定，當所得不變的時候，一件物品的價格降低，代表購買力上

升，反之即購買力下降；另外一方面，當價格不變的時候，所得上升代表購買力上升，反之則購買力下降。因此，當實質所得增加時，消費者更有能力消費，這種商品經濟學家定義為「正常財」。當然，過去很厭惡消費的商品，消費者就會減少購買量，經濟學家定義這種商品為「劣等財」。然而某些商品會違反需求法則，經濟學家稱之為「季芬財」，指在其他因素不變的情況下，某商品的價格如果上升，消費者對其需求量反而增加的商品。

因此，信徒實質所得持續下降的時候，對於宗教捐獻也應該減少，但功利祈福活動仍為主要捐獻目的。於是收入較低、教育程度較低又失業者的捐款反而比其他人高的現象，可以解釋為，宗教活動在這群社會階層較低的民眾中，當經濟不景氣時，就變成是一種「季芬財」。這些人認為，對此類的宗教捐獻反而有助於或者有機會讓他們脫離現階段的生活，如找到工作或者發財。

而這些人的宗教行為，又會反映在宗教行為變數，如學者楊莉婷的研究指出的，祈禱次數越頻繁者捐獻金額顯著，且捐款較多。此外，在捐獻的金額上，基本上又會反映在這群社會階層較低的人身上，若有宗教信仰行為時，將會增加十四倍的捐獻金額；當有生活體悟者，將會增加三倍的宗教捐獻；每減少一年的教育機會，會增加約二十五元的捐獻；無工作者較有工作者增加三點一倍的捐獻；每增加祈禱次數會增加八十三元捐獻；較有宗教信仰者會增加兩百五十元的捐獻。

因此，民間傳統信仰在功利與私利的框架下，所有的行為都反應在經濟行為，這些底層信仰活動，以消費行為來論，愈窮愈迷信可以認定就是季芬商品。

經濟學小辭典

名目與實質所得：計算錢的時候必須考慮時間因素，譬如利息，利息是反應金錢的時間機會成本。還必須考慮物價，因為物價會變，所得也會變動。所以名目所得指的是當年我們賺到的錢，但因為物價會變動，所以購買力就不相同。譬如，颱風後菜價上漲，這時候我們的購買力就變差，也就是說，同樣一筆錢買到的菜變少了。因此當我們比較跨年度的所得時，必須進行購買力的平減，將物價因素考慮進去，得到的所得才是實質所得。

註釋

1 中央研究院的「臺灣社會變遷基本調查計劃」自一九八四年進行以來，已完成二十四次五十份問卷調查，包括家庭、教育、社會階層與社會流動、政治文化、選舉行為、傳播、文化價值、宗教。

2 楊莉婷，臺灣地區宗教信仰與宗教捐獻之實證研究，佛光大學經濟系碩士論文，二〇一二年。

3 可支配所得其概念為實際收到的所得，由總所得扣除直接稅而得。以主計總處所編製對可支配所得定義：「可支配所得」等於「所得收入總計」減「非消費支出」。其中，非消費支出由利息、賦稅支出及經常移轉支出所組成。

4 依照知名書籍《快思慢想》（*Thinking, Fast and Slow*）的作者卡尼曼（Daniel Kahneman）的看法，大腦的功能分成兩部分，就直接簡稱為系統一與系統二。系統一的特色是自動化運作，處理的速度非常快且不費力，但不受自主控制，系統二則須要注意力，必須費力進行複雜的運算。

5 韋伯倫的《有閒階級論》認為十九世紀末期的美國上流階級中，那些與企業密切往來的暴發戶，稱其為「有閒階級」（leisure class），他認為這些有閒階級透過消費奢侈與昂貴的物品以保持並展現其身分地位。

6 美國勞工部最新發表之「二〇一二年國際勞工比較」（Charting International Labor Comparisons, 2011 Edition），網址請參見：http://www.bls.gov/ilc/chartbook.htm。

第六章 做功德的今生與來世投報率

傳統信仰的來世與做功德，和經濟學所談的跨期選擇是一樣的，只是經濟學不碰所謂的生死輪迴。

經濟學假定每個人都是理性的，追求效用極大（事實上並非完全如此），當資源有限，選擇就會有機會成本的限制，選擇了某個方案，就必須放棄其他選擇。但對信徒而言，拜哪個神靈、到哪間廟拜，都不是重點，在信仰與膜拜的選擇方案中，彼此不會出現排擠。譬如信徒去求媽祖，並不會在意是否同時求觀音，也有可能逢神就拜。

雖說信徒的信仰機會成本可能極低，或者完全沒有，但最終還是有機會成本，這個機會成本就在於他到底要不要選擇到廟裡對神靈祈願？俗語「有拜有保庇」，道理就在此。遇到人生難題與困厄，也許會有親友勸說，何妨去廟裡拜一下，祈一下願，如果真靈驗了，總是有幫助的，若沒靈驗也不會有損失。當信徒毫無頭緒時，若突然多了一個選擇，這就是一種機會，但放棄這個機會代表他的機會成本非常高，因為神靈也許會助其解決問題。

總括來說，信徒在選擇信仰之前，他的機會成本也許很高（人生逢困厄與艱難之時），但在眾神靈之間投機選擇甚至逢廟就拜之後，這樣的投機主義讓機會成本變得很低。

當下的價值

我的兩個女兒對於金錢的偏好程度不一樣，大女兒有金錢概念，她自己有個存錢桶，裡頭都是她的零用錢，以及用考試掙來的獎勵金，但小女兒對於金錢觀念還是很模糊，她自己也有一個小錢包，每次問她有多少零用錢時，總是答不知道，有時候錢包放在哪都不清楚。當然，兩姊妹對於花錢的認知也不一樣，我同樣給一筆零用錢，告訴她們什麼是預算、零用錢的花法，極限就是把零用錢花完。大女兒的選擇就很多樣，這代表她的心智模式比較複雜與成熟，她通常選擇留下一些零用錢，不當場用完，至於小女兒的選擇就單純多了，她只有一種選擇，直接花用。

我問大女兒，為何不把零用錢花完？她回答，如果不花完就可以省下一點零錢存起來，下一次就有較多預算買自己想要的東西，至於留下多少比例，她自己會盤算，也就是說她有計劃消費與儲蓄。計劃消費多少又儲蓄多少，其實就是經濟學談的「跨期選擇」（Intertemporal Choices），也就是消費者對不同時間消費的選擇，可以不必將每期所得在當期用完，可以儲蓄（放款）也可以負儲蓄（借款）。

我沒教大女兒時間成本概念，當然學校也不會教，我也不會告訴她經濟學的折現

率，但我用一個選擇的例子讓她知道時間成本的概念。我給她兩個選項。第一，她可以在第一時間內得到一支冰棒；第二，或者在一天後換到兩支冰棒。大女兒思索了一下，她選擇第一個方案，馬上換得一支冰棒。我向她解釋，一支冰棒和兩支冰棒哪個比較多？她回說當然兩枝冰棒比較多。我接著問她，那麼為何你選擇現在的一支冰棒，而不選明天的兩支冰棒呢？她回答，現在這支冰棒是她想要的，而且是馬上想要，兩支冰棒她也吃不完，更何況還要再等一天，當然選當下的一支冰棒。

從數學上來看，今天的一支冰棒與明天的兩支冰棒若是價值一致，則隱含一天的折現率是一〇〇%，用貨幣來表示，今天的一塊錢和明天的兩塊錢如果等值，代表一天的折現率是一〇〇%，也就是說，日息是一〇〇%（今天存一塊錢，明天變成兩塊錢，其中的一塊錢是利息，另一塊錢是本金）。大女兒的選擇是認為當下一支冰棒的價值，遠勝於明天兩支冰棒，也就是隱含她對冰棒的折現率超過一〇〇%，她才會認為今天的一支冰棒對她比較「值錢」。

做功德等於為來世儲蓄？

回到宗教信仰的議題，臺灣的傳統宗教很重視來世，這可能受佛教的輪迴觀念影響。但我們為何重視來世？佛教並沒有說來世比今世重要，如果從程序上看，今世的輸出就是來世的輸入，這和做功德是一樣的，一個人今世所做的功德，都會轉化到來世享用。從此觀之，傳統信仰的來世與做功德，和經濟學所談的跨期選擇是一樣的，只是經濟學不碰所謂的生死輪迴，但如果單純以時間的觀點來看，一個人可以選擇今世少消費，多做功德（儲蓄），等到來世（跨期）時得到比較大的效用或價值。或者，根本沒有所謂的來世，今世當然求最大的消費與滿足，但是否可以超額先支用來世，先在今世消費呢？

傳統信仰似乎沒有預先為自己在來世準備「儲蓄」（金錢），所以也就不會有人在世時燒紙錢給來世的自己。因為金紙是燒給神佛，冥紙是燒給冥界祖先，燒冥紙給自己，不就詛咒自己沒有來世。因此，所謂的做功德指的是今世多做好事，好在來世為人時，日子可以好過一點，但功利化的結果卻讓做功德這件事完全走樣。

做功德很像童子軍日行一善，是勸人做好事、做善事，不要做壞事，是透過宗教信

仰達到道德宣化，也奉勸在世時不能過度消費，因為一個人的來世如何要看他今世如何。理性上，如果有來世，每個人當然都想過好日子，不管今世還是來世，這本是自利導向。但總有不理性的人，就像當年的雙卡風暴，明知當期的過度消費會成為下一期的還款壓力，但還是很多人選擇刷卡借錢、以債養債，正是因為一樣米養百樣人，每個人都不見得是理性的，面對「來世消費」時，還是有人選擇過度消費甚至透支，也有人安穩的儲蓄做功德，多存一點來世消費額度。

經濟學者賽勒（Richard H. Thaler）發現另一種對折現率的不一致，即折現率隨報酬強度（金額）增加而下降，也就是說，報酬的強度對折現率產生不一致的效果。例如，多數人在現在的一百美元與一年後的一百五十美元間，願意為五十美元等一年，若是換成十美元與十五美元，也許就不願意等了。從這個角度來看今世的功德與來世的消費，正因為今世與來世這一世的時間非常長，也隱含來世的價值很高，所以很多人會因為來世的高報酬，在今世願意等且願意投入，也就是做功德來提高來世的報酬。前述大女兒選擇冰棒的思維也是如此的，因為多得到的報酬只是一支冰棒、這個報酬過小，如果換成多等一天，冰棒從兩支變成四支，她或許願意等（如果不考慮邊際效用遞減）。

賽勒在《贏家的詛咒：不理性的行為，如何影響決策？》（*The Winner's Curse:*

Paradoxes and Anomalies of Economic Life）書中提到跨期選擇的三個發現：第一，折現率隨時間拉長而下降；第二，折現率隨報酬強度（金額）增加而下降；第三，收益的折現率高於損失的折現率。大女兒的行為剛好符合賽勒的發現，當折現率與時間出現不一致時，如果眼前出現一個小獎賞且可以立即獲得，一般人是不願意久等換得較大的獎賞。然而，只要獲得兩個獎賞的時間較長，一般人則會選較大的獎賞。

但如果我們問，今世是否可以用金錢來取得功德？這個提問隱含做功德可以是宗教商品，是可以被買賣的。從金錢的代價來論，做的功德愈大，付出的金錢也愈高，最終累積的功德餘額會被轉化並帶到來世享受，而且隱含轉換率的報酬，就是報酬率至少要大於零。當報酬率是正數，這種做功德的投資才合乎理性，如果轉化之後的報酬率是負值，這個為了來世的投資就虧本了。

從跨期選擇的特性來看，只要來世的報酬非常高，人們就願意等。這是合理且是理性的，也是追求效用極大，但付出的成本呢？信徒當然認為愈小愈好。如果今世的功德可以用買的，代表人們可以選擇一條最低成本之路，同樣的邏輯，因為來世的日子當然要好過，反正一切可以用錢買定，就不需要辛苦做好事。這種買功德的想法宛如中古歐洲的贖罪券，但開了這道門，宗教的教化功能還存在嗎？人的行為是否會改變呢？

在中研院的歷次調查，臺灣民眾對於來世的觀念是非常濃厚的，這種來世消費的偏好反應在捐款的目的，以消災祈福做功德為主，但金錢交易下的做功德，宗教教化的功能性就愈來愈薄弱。

迴向

做功德可以買賣也可以贈與，不管是贈予在世親人、離世親人或是自己，這種贈與就是佛教的「迴向」。佛教認為，迴就是迴轉，向是去向，迴向就是將自己所修的功德迴轉給預期的人。這是本於宗教勸善的宣化作用，善果可以轉化給親人甚至是冤親債主，這不僅是自利，也超越利己的界線，甚至是利他。

就像我們到捐血中心捐血都是匿名，我們無法確認自己捐的血的流向，是用在和自己有關係的人身上，或和自己有仇有冤的人，捐血是無償的贈與，我們無法主張分配權。但迴向已經具備方向性，並非將人們的所做的功德透過贈與的程序，全放進「功德池」由第三者分配，這裡還有誰來扮演第三者的問題。如此說來，迴向也非完全的利他，迴向仍是自利（對自己的親人）。

有句諺語，「有錢能使鬼推磨」，現在聽來只講一半。給點錢就能讓鬼為我們辦事，那麼給點錢，是不是也可以請諸神幫我們做點事呢？

經濟學小辭典

折現率（Discount Rate）：是指將投資的未來效益折現，不先決定利率。折現時，若是利率愈高，未來的現金流量折現值就愈低，投資評估也愈保守。如果風險高，投資者要求索取的報酬率便會高。折現率便是反映可以彌補未來資產價值貶值的利率。

宗教小辭典

所謂來世，指的是一個階段與另一個階段的關係；輪迴談的是週期，這個週期有可能是交替出現，所以來世只是輪迴中的一個階段關係。簡單說，A→B是一個來世關係，A幻滅之後變成B，B幻滅之後是C，就是B→C。假定六世成為一個輪迴，就變成是A→B→C→D→E→F→A，形成迴圈，然後一直持續下去。

第七章 宮廟也來拚經濟

宮廟搶錢的招數愈來愈花樣百出，有宮廟扮月老，開發未婚者市場，也有宮廟請來外國表演團體，信眾看表演、宮廟催香油錢。

臺灣蓋廟的手法已經進步到模組化生產，我曾經看過一間小廟以此方式完成，再用吊車吊到地點和基座結合。事實上，以宮廟為主的供應鍊，整體的經濟產值與規模相當可觀，包括遊憩、觀光與休閒價值，還有傳統的廟會、夜市，與進香活動。到底有多少經濟規模，因為沒有官方的調查數據，且這當中存在很多地下經濟。

大家會認為，景氣愈不好，信徒捐錢蓋廟的意願也降低，蓋廟熱潮應該是在「臺灣錢淹腳目」那幾年，因為經濟起飛讓大家的所得提高，加上六合彩的推波助瀾，宮廟的增建量就大。其實，自一九九七年到今，宮廟的增量在〇・五%至一%，似乎與經濟成長無關。雖然沒有數據可以驗證臺灣宮廟的增量，和經濟的發展有何關連性？但我相信一定有相依的關連，畢竟蓋廟的資金來源大部分還是要靠信徒捐贈，如果收入不佳，還會捐錢蓋廟嗎？

此外，臺灣這幾年來景氣差，宮廟卻經常大搞行銷活動，圖的是什麼呢？絕對不是要消災解厄，而是宮廟開始阮囊羞澀了。正是因為沒錢，所以才要搞行銷，賣神明公仔、賣紀念品、辦抽獎，甚至還辦擲筊比賽，獎品大到可以是一部汽車或摩托車。宮廟搶錢的招數愈來愈花樣百出，有宮廟扮月老，開發未婚者市場，也有宮廟請來外國表演團體，信眾看表演、宮廟催香油錢。連一陣子相當流行的折疊腳踏車也有宮廟大力放送，條件是捐香油錢滿三千九百九十九元就送小摺。

有些宮廟搶錢搶得兇，也有宮廟認為這些活動對神明不敬，外界觀感不佳，反而會影響宮廟經營。所以他們就擴大宮廟裡不同的祈福產品，讓信徒直接掏腰包買單，有掛滿欄杆的祈福金箔片，也有發行神明的錢幣，讓信徒放在口袋裡招財。

建醮可以擴大內需

信徒還有一種奉獻，就是香油錢。當信眾比較有錢時，比較有能力添香油錢，譬如北港朝天宮有次農曆年香油錢接近兩億元，宮廟就可以擴建或做整修，多辦宗教活動。

坦白講，宮廟的行銷活動為的就是希望多募得香油錢，譬如擲筊活動，信徒想的是能不能抽中汽車或摩托車，和祈福消災解厄沒什麼關連。擲筊活動本來就是一種賭局，信徒也不是平白無故就可以參加，還得先捐一筆香油錢才能取得資格，香油錢算是門票。南部某宮廟有次舉辦擲筊比賽，要參加的人得先繳一千元香油錢，當時有兩千人參加，所以宮廟的收入是兩百萬元，扣掉送轎車、機車、電視機成本，整個比賽下來廟方還可以賺一百萬元。

政府拚經濟不外乎是透過ＧＤＰ的計算來達到刺激經濟成長的目的，透過ＧＤＰ中增加民間消費和政府消費是最直接與短效的做法，至於增加民間投資和加速淨出口的方案，短期間很難看出一定的效果。增加民間的投資意願，在經濟不景氣時，業者通常會縮減營業規模來度過不景氣，危機入市增加投資的業者畢竟是少數，而加速淨出口的成長難度更高。畢竟臺灣還是以出口導向的經濟體，外部歐美的不景氣，加速與擴張出口必須看其他國家的臉色，這個變數當然不是能被操控的。於是，增加民間消費和政府消費當然是可以立竿見影的策略，但並不保證有效。尤其是擴大政府消費，政府必須擴大舉債，對於未來可能的影響，則在於舉債吸收貨幣之後可能會提高利率，不利民間投資，而且還可能讓游資回流進入存款，降低消費的誘因。

舉例來說，二〇一二年是民間傳說的水龍年，當年八月景氣對策信號出現連十顆藍燈，代表水龍年真的危機重重，景氣萎縮，政府和工商業界就會皺眉頭了。要瞭解民間消費的現況，可以直接看經濟部統計處所公布的商業營運的統計資料，其中，計算批發、零售及餐飲業的營收會更直接一點。從經濟部統計處發佈的批發、零售及餐飲業的營收統計資料（二〇〇七年到二〇一三年一月，其間包含金融風暴前後）可以發現一個現象，二〇〇九年一月的年增率跌落谷底到負一九．〇一％，之後開始成長到十二月的高點一九・二一%後又慢慢滑落，當景氣對策信號出現連十顆藍燈的當月（二○一二年八月），年增率是負一・一九%，這個時候，我們可以發現民間消費是相當緊縮的，也就是說景氣對策信號其實是可以反應民間的消費狀況。

在景氣寒冬，理性上信徒會縮減不必要的支出，包括香油錢，因此宮廟收入少了，不但要縮減開銷，更要想方設法找尋財源，譬如二○○九年政府發消費券，日月潭文武廟的香客大樓就刊半版廣告，表示用三千六百元的消費券可以享有一泊二食的旅遊。為了增加收入，宮廟的做法真是千奇百怪，其實早年鄉里的宮廟只有大小格局差別，很少聽說會缺錢，但現在必須舉辦很多活動擴大財源，這就像是政府拚經濟的手法，在全球經濟景氣低迷時，最快速、直接就是刺激民間消費，擴大內需。

譬如二○一二年市場景氣低迷，但當年全臺近兩百間宮廟舉辦建醮活動，花費超過十億元，提升相關行業的營收。因為一場建醮活動花費從數百萬到兩三千萬元，周邊商家包括紙藝、燈籠、敬品、外燴、零售賣場、住宿、夜市等等，宮廟也藉此刺激信眾捐獻香油錢。

近年宮廟賺錢的方式很多元，譬如香客大樓因為設備齊全、服務好，而且住宿費幾乎是隨喜，很受遊客與背包客歡迎，也是宮廟重要的營收。只不過，宮廟的香客大樓愈

蓋愈多，造成同質競爭，也衝擊到民宿業者。

如此，是否可以說神明在不景氣的當下，也得與民爭利呢？但是，左手收香油錢，右手又伸手搶錢，這不是非常矛盾嗎？

宗教小辭典

建醮：在道教上分清醮（陽醮）和幽醮（陰醮），前者為祈福、慶賀，後者則為超度亡靈。臺灣建醮多在冬天，稱為「立冬之後打大醮」。除了定期建醮，若有災難亦會舉行，譬如舉辦水醮、火醮。常見有中元醮，為了普度亡靈。；瘟醮王船祭，則是南部王爺廟的做法；慶成醮，是慶祝宮廟落成而舉行。

第八章 媽祖經濟產值知多少？

大甲媽繞境超過百萬信徒參加，捐贈的金牌約一千五百面，整體經濟產值超過四十億元。

媽祖和觀世音在臺灣是神界的富婆，雖然兩者的信徒有重複，但媽祖信徒的動員力與經濟規模大很多。每年「三月瘋媽祖」是臺灣宗教界的盛事，尤其是大甲鎮瀾宮的媽祖繞境最盛大，也是商機無限，超過百萬人參與、創造逾十億元經濟產值。

所謂三月瘋媽祖，是指農曆三月二十三日媽祖誕辰前後的各項廟會活動。我在二〇一二年參與大甲鎮瀾宮繞境時，切身感受到信眾的熱忱，好像真的有一股莫名的神力加持。我發現媽祖的信徒有愈發年輕化的趨勢，還有青年團[1]，但大部分進香的信徒還是以中老年人居多，尤其是婦女。我很瞭解九天繞境的辛苦，因為在一九八九年時我曾經帶隊健行中橫，六天五夜的健行對每個學員的體力負荷很大，尤其是肩上的行李重量，加上帶隊需要來回檢視學員是否脫隊，還得分擔女學員的背包，行程結束後腳底不知起了多少水泡，腳指頭也發黑淤血，所以進香繞境對信徒的體力與意志力的考驗絕非易事。

當年我藏身在人群中看著進香的人龍，實在很佩服這些參加繞境的婆婆媽媽堅強的毅力與體力，感覺真的有一股莫名的神力加持他們長途跋涉。我很疑惑，信眾為何願意長途跋涉一起「瘋媽祖」呢？

進香團商機

臺灣宮廟的進香活動，類似基督教或伊斯蘭教的朝聖，是以特殊的行為禮儀來完成宗教神聖的目的。進香是「割香」與「割火」（或稱掬火、掬大火）的合稱，是乞求香火以分享神恩靈力的意思。

它包括兩個層面：一是個人的割香禮儀。割香的信眾稱為「香燈腳」，在禮拜媽祖後，乞求香火結在進香旗上，另向廟方要一張符仔帶回家供在神桌上。二是神與神間的割火禮儀。可以是定期回到原香火來源的祖廟（母廟）謁祖掬火，表現子母廟之間的香火淵源關係；也可以是到具有歷史或威權的宮廟做定期的拜會，以分享威靈廟的香火靈力。信徒除了個別的割香禮儀外，也參加聚落神明的進香活動，稱為「隨香」。

此外，進香除了有宗教意義，亦兼具集體心靈治療的社會功能。這些中老年婦女以苦行方式進香，為的就是祈求媽祖保佑家人。在過程中會有「傍轎腳」的活動，民眾相信傍過媽祖的神轎可消災去厄，而且信眾也會在沿途擺設香案，手持清香向媽祖訴說心事；或是向報馬仔求取紅絲線的未婚青年，希望可以找到對象。

當然，進香活動除了有社會功能，也具有經濟功能。以大甲鎮瀾宮而言，沿途收到

的香火錢是一筆龐大的收入。大甲媽駐駕、停駕的宮廟會吸引眾多信徒前來參拜，捐獻香油錢，進香人潮湧入也能帶來消費。各香組織也可以藉此勸募經費，開支所剩餘經費更能作為宮廟盈餘或建廟基金。對大甲民眾而言，出城、回城之日，大量香客、觀光客聚集在大甲，更為當地的糕餅、食品、金紙香燭業者，造就豐富商機和鉅額的收入。

三月瘋媽祖是一種民間信仰的傳承，但我更驚豔於媽祖經濟的規模，並看到媽祖鑾轎下民間消費的活力，以及另外一種宗教商業化的趨勢。一場繞境活動下來，光是依附在媽祖議題的周邊商品就是商機，讓業者大發利市，信徒當然認為這是媽祖保庇讓民間經濟活絡的最好證明。

媽祖在臺灣

全球媽祖廟到底有多少？根據非正式統計，全球媽祖廟超過五千間，有一定規模者超過一千五百間，信眾超過兩億人。在臺灣，根據內政部的《臺灣地區宗教團體普查報告》[2]，有一千三百五十二間媽祖廟。可見媽祖在臺灣受到愛戴的程度是不分族群，根據非正式估計，媽祖信仰人數約佔臺灣人口六成，在謝宗榮的調查中，媽祖是民間信仰前五位重要的神祇，其重要性對臺灣人而言，不言而喻。

歷次宗教調查前十位神祇

排序	一九一九年 丸井圭治郎[3]《臺灣宗教調查報告書》	一九四〇年 增田福太郎[4]《臺灣的宗教》	一九六二年 劉萬枝調查	一九九二年《重修臺灣省通志》
一	福德正神	福德正神	王爺[5]	王爺
二	王爺	王爺	觀音佛祖	觀音佛祖
三	天上聖母	觀音佛祖	天上聖母	天上聖母
四	觀音佛祖	天上聖母	福德正神	釋迦牟尼佛
五	玄天上帝	玄天上帝	釋迦牟尼佛	玄天上帝
六	有應公	關聖帝君	玄天上帝	福德正神
七	關聖帝君	三山國王	關聖帝君	關聖帝君
八	三山國王	保生大帝	保生大帝	保生大帝

九	保生大帝	釋迦牟尼佛	三山國王	三山國王
十	三官大帝	有應公	中壇元帥	中壇元帥

資料來源：謝宗榮，《臺灣的廟會文化與信仰變遷》

每年的大甲鎮瀾宮媽祖繞境活動，信徒參與人數都是數十萬人，根據Lifelab調查，二〇〇九年參與繞境的信眾高達九十三萬四千名，比前一年少了近三十萬人，但在二〇一二年又突破一百二十萬人。

二〇〇九年適逢金融海嘯，全球不景氣，信徒是否會因為經濟景氣的變動而對媽祖信仰產生動搖呢？我認為不會。因為民間信仰是俗成的，信徒的結構本來就存在人口統計變數上的特色，譬如，信徒有可能在性別、區域、教育水平、收入和職業上有明顯區別，表現在信仰活動就可能會因為經濟條件的變化，而產生某些短期性的調整。

以上的調查也顯示，繞境的信徒年齡在五十一歲以上者佔四四・四％，二十歲以下年輕族群佔一三・一％。此外，退休、家庭主婦、無償工作、無意願工作者佔四七・一％，這當中有四・三萬人是失業者，三・九萬人放無薪假。二〇〇九年臺灣的勞動參與率[6]是五七・九％，相較之下差異並不大，因此不能說參與繞境的信徒多半是非勞動族群，但以高齡族群且低生產力或無生產力的族群為主。說得具體一點，參與繞境的信徒其機會成本比較低。當然，這部分的抽樣統計並沒有區分出全程參加的信徒組，如果進行分層抽樣，全程參加的信徒應該大部分屬於非勞動人口。

我認為這樣的推論是合理的，正因為參與數天的繞境進香活動，以一個上班族而言，一次繞境對他的機會成本是相當可觀的。也就是說，他可能要放棄休假或請假，直接上就有金錢的損失，這也說明二〇〇九年繞境的信徒較前一年減少的理由。但二〇一二年參與繞境的人數增加到一百二十萬人，這又如何解釋呢？其實，這也可以解釋為經濟已經起色，信徒機會成本的改變讓繞境人數再度回到二〇〇八年的規模。

媽祖經濟的產值

二〇〇九年大甲媽祖繞境，超過九十萬名信徒參與，平均每人消費約兩千元，經濟規模就超過十八億元，如果不計算香油錢，每日食衣住行的消費規模超過兩億三千萬元。以商人的眼光而言，全長三百多公里的進香路線，就是新臺幣的金流活動，加上沿途信眾辦桌，每天要吃掉一億元，沿途採買的辦手禮約花掉四億三千萬元。

到了二〇一二年，大甲媽祖繞境超過百萬信徒參加，四百多個文武陣頭，繞境三百三十公里，停駐的宮廟一百一十一間，信徒捐贈的金牌約一千五百面，整體經濟產值超過四十億元。如果與當年第一季的GDP比較，約是當季經濟產值的的千分之一點一六，粗估是一個月經濟產值的千分之三點五，何況這僅是九天的產值而已，媽祖經濟的盛大與規模可見一斑。

當年信徒恭送給大甲媽祖的金牌總重量達一百餘兩，香油錢超過兩千萬元。在媽祖回鑾當天，大甲地區五十三庄家家戶戶辦桌請親友，估計吃掉近一億元，這還不包含進香前的起馬宴、犒軍、沿途駐駕都必須提供大量的飲食消費。

總歸，媽祖繞境的人龍所到處都會消費，包含當地信徒招待以及信徒自己的消費，加上這幾年便利商店附有廁所，這時候就變成信徒的小型休息站，除了消費食物及飲料之外，信徒還能在此寄送換洗衣物，儼然是一項大商機。

此外，每年搭上大甲媽祖繞境而推出的各式各樣商品，真的是五花八門，平常一點的有帽子、T恤、平安符、媽祖福袋，科技一點的有媽祖行車記錄器，而且每年不斷推陳出新，這幾年加上智慧手機的普及，連媽祖神轎都有全球衛星定位，配合電子地圖可以方便信徒掌握媽祖的位置，又配上即時的影像分享，媽祖出巡的行頭已經愈來愈科技了。

就商業眼光而言，這些搭上媽祖信仰的商品之所以讓信徒會掏錢購買，主因還是「有拜有保庇」，連銀行的信用卡也搭上媽祖信仰的便車，發行媽祖認同卡，變成「有刷有保庇」。然而銀行發行的媽祖認同卡是一張信用卡，上頭有媽祖像，銀行的行銷方式是強調信用卡是向媽祖「過爐」求來的，消費者可以當成護身符，也可以保佑信用卡不被盜刷。但這點很有趣，我曾經幫銀行規劃認同卡的發行業務，我問過很多人，假設你有一張媽祖認同卡，上頭有媽祖像，請問會拿這張信用卡刷卡消費嗎？我預設的答案其實是不會，問題在於信用卡面上的媽祖像，試問那個信徒膽敢冒著忌諱，很大無畏的押著媽祖像在刷卡機上刷卡呢？萬一把媽祖像刷花了如何是好呢？

宗教小辭典

繞境：在道教和民間信仰中，「境」代表神祇管轄的地方，就是宮廟的範圍。當神明出巡時稱為巡境，當巡遊隊伍進入其他宮廟的範圍時，稱為繞境。

註釋

1 近年來媽祖文化邁向年輕化，鎮瀾宮成立「大甲鎮瀾宮e世代青年會」積極拓展媽祖文化，為媽祖服務，發揚媽祖精神，進而為社會大眾服務。

2 媽祖廟的數量，官方統計是全臺灣第二高，《臺灣地區宗教團體普查報告》亦指出，至一九九二年止，臺灣王爺廟最多，達一千八百一十五間，土地公廟居第三位，有一千三百二十三間，觀音廟居第四位，有一千三百一十間，第五位是玄天上帝廟，有一千零六十二間。

3 丸井圭治郎（一八七〇—一九三四年），日本人文學者，專長為宗教研究，曾擔任臺灣總督府編修官及內務局社寺課的課長，任內重要事蹟即從事臺灣各地宗教調查，並將成果公布於《臺灣宗教調查報告書》，該報告書為臺灣官方第一份全面性的宗教調查。（資料來源：維基百科）

4 增田福太郎（一九〇三—一九八二年），日本知名法學、民俗學學者，京都大學博士，為臺灣宗教與民俗學巨擘。曾任教於臺北帝國大學，一九二九年擔任臺灣總督府宗教調查官，陸續調查臺灣民間信仰與臺灣佛教、道教。（資料來源：維基百科）

5 劉萬枝在一九六〇年的調查發現，臺南王爺廟的數量最多，共有一百三十一間，全臺灣為七百三十間，臺南佔比一七．九%。

6 勞動力參與率是指勞動力佔十五歲以上民間人口的比率，也就是在十五歲以上民間人口中有參與勞動的比率，而勞動力是就業者與失業者相加之總和，所以無論是就業者或失業者的增減，都會影響勞參率的升降。計算方法為：勞參率（%）＝勞動力／十五歲以上民間人口×一百%。（資料來源：國發會）

第二篇

廟口經濟學

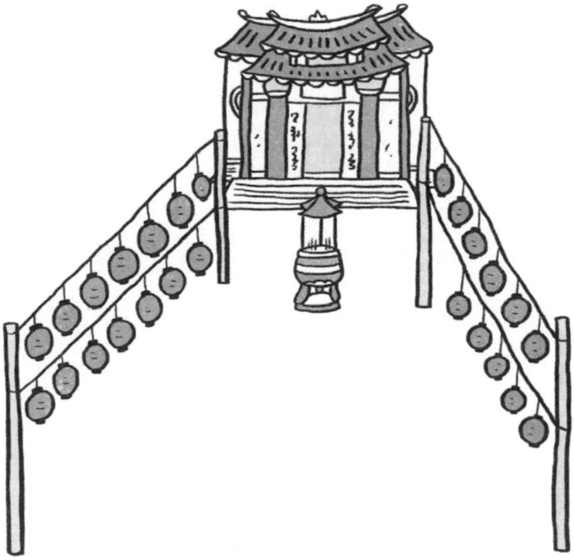

第九章 多廟的臺灣

人與神之間充滿資訊不對稱。信徒會去打聽哪一間宮廟的靈力較強，這從宮廟的香火旺不旺就可以略知一二。

臺灣超過八成人口有傳統信仰，四處可見宮廟，小到田間小徑的土地公廟、石頭公和老樹公都有人祭拜。如果再加上為數眾多的神壇，全部數量超越金融機構[1]的總量。

這幾年我觀察到一個可議的現象，一些大型財團法人的宮廟愈建愈雄偉，有些甚至是在高地價的都市重劃區內，佔地面積大到有點誇張。這些宮廟的規模大到不得不讓我產生疑惑，而且有種錯覺，這些宗教團體的財力怎會如此雄厚，建築物可以如此豪奢？如軍備競賽的硬體規模，對於宗教勸人向善究竟有何關連？

臺灣宮廟密度之高世界罕見

根據內政部資料，全臺灣登記有案的宗教建築超過一萬五千座，平均每萬人分配約六．五座，若加上未登記的宗教建築物，數量還會更多。臺灣的宮廟數量與密度之高，與世界各國相比真是罕見，尤其是宮廟與私壇，因為與社會生活息息相關，數量又比佛、道教還多。若以宮廟的密度而言，土地公廟密度最高的地方就在桃園市，總共有三百一十間，佔全體廟宇數量的六九％，這是因為在客家聚落，土地公信仰是生活的一部分。

臺灣宮廟有幾個特色：

第一，數量多且密度高。

第二，以南部地區最密集。

第三，以道教宮廟佔比最高。

第四，教會（堂）以都會區及原住民縣市較多。

第五，離島因受限人口及交通，宮廟與教會（堂）的數量明顯偏少。

行政院的「國情簡介」介紹臺灣的民間信仰特色，臺灣是宗教信仰自由的地方，容納各種宗教，彼此之間不會衝突，更常見彼此兼容並蓄，不僅民眾對天神與佛菩薩一視同仁，即使在佛教的寺與道教的廟或觀中，亦常見前殿祀道教神明，後殿祀佛祖觀音，甚至也有祀奉孔子、老子。這種綜合性的宗教適合民間心靈的需要，是臺灣特有的民間信仰體系。臺灣宗教信仰的特性有：

第一，高度融合性。由於文化上的包容性，不論是古代的自然崇拜、儒家的倫理、釋家的慈悲、道家的儀式，都能巧妙地融為一爐，並沒有一定的界線；有時同一神祇可

能在儒、釋、道三種不同的教派領域中，各以不同的名稱出現，就連儀式也會出現佛、道並容的場面。

第二，具有強烈的地方色彩。許多源自中國的神明隨先民到臺灣，逐漸發展成具有臺灣特有的特色，如對媽祖的崇拜，源自移民祈求航海平安的庇佑；又如早期移民衛生條件差，醫療普遍缺乏，經常瘟疫橫行，人們為祛禍祈福，普遍祀奉瘟王，至今各地都有王爺廟即為明證。神明特質因需要而改變，以媽祖為例，原本只在漁民之間信奉，日後逐漸演變為人民的守護神；客家人祀奉的三山國王，原本只是地方神祇，卻因客家人墾荒過程中，須山神庇佑開山順利而成為客家人的重要神祇。

第三，人、神、靈三界相通。民間信仰相信人、神、靈雖然分屬不同領域，但是可以藉助道士、乩童溝通。靈媒為了證明自己有刀槍不入的法力，常以過刀橋、睡釘床、貫口針等方式，顯示神明附身的真實性。

整體而言，宗教在臺灣，無論形式或內容都顯得活潑多樣；而民眾對宗教的熱忱更可由每年各地的迎神賽會略窺一二，最為著名的有農曆三月的媽祖生，往往造成萬人空巷的景象。

從信徒數量來看，廟（道教）多是特色，教徒佔總體信徒總人數約五一．五%，其次是基督教佔總體信徒約二五％，再其次是天主教約一一・五％和佛教約九・七％。這說明，臺灣還是以道教信仰為主，已經佔一半的信仰人數。也許有人會好奇，佛教信徒人數比想像中少很多，因為佛教可能和其他宗教有重疊（如道教）。

各宗教教務概況（二〇一三年）

單位：個；人

年底及宗教別	寺廟教堂數（座）	教堂神職人員數	信徒人數（依各宗教皈依之規定）
二〇一三年	一五四〇六	六六二〇	一五八一三八三
寺廟	一二〇八三	—	九八八五六八
道教	九四五一	—	八一五〇〇六
佛教	二三六九	—	一五二九八六
理教	六	—	一三一
軒轅教	八	—	三一七

天帝教	一	—	三三
一貫道	二三一	—	一八〇九八
天德教	五	—	二四六
儒教	一六	—	一三三七
太易教	—	—	—
亥子道	—	—	—
彌勒大道	三	—	二九〇
中華聖教	—	—	—
宇宙彌勒皇教	—	—	—
先天救教	—	—	—
黃中	一	—	四二
玄門真宗	—	—	—
天道	—	—	—

其他	二	—	八二
教（會）堂	三三二三	六六二〇	五九二八一五
天主教	七二七	一七八五	一八一二一五
基督教	二五四九	四六九九	三九六六八九
回教	四	七	七五四七
天理教	二一	七五	二三九六
巴哈尹教	二	三	二五二一
真光教	—	—	—
山達基教會	一	三〇	一〇〇〇
統一教	一	四	一八〇
摩門教	二	二	一六〇
其他	一六	一五	一一一七

資料來源：內政部

根據美國「二〇一三年國際宗教自由報告」，臺灣人口中有三五%自視為佛教徒，三三%自視為道教信徒，但是也有很多人自認既是佛教徒，也是道教信徒。其實很多人除信仰有組織的宗教，還信奉其他民俗宗教，譬如薩滿教、祖先崇奉及動物崇拜。這類民俗宗教信仰可能與佛、道，或其他傳統宗教並存，所以臺灣信徒的宗教信仰重疊性相當高。

宗教小辭典

根據內政部二〇一〇年統計，登記有案之宗教類別約有二十七種，宮廟約一萬一千八百七十五間，近十年來增加二五．八%。平均每個縣市有六百九十一間宮廟及教堂，平均每個鄉鎮市區有四十一間，十年平均增加七間。平均每萬人口的宮廟及教堂數為六．六間，連江縣、澎湖縣、臺東縣、金門縣、宜蘭縣、屏東縣等漁業人口比重較高之縣均超過十五間。

宗教小辭典

有登記的宮廟佔五五・六二%，九六・三七%的宮廟由信徒捐資建立，由私人出資建立並管理者佔三・五五%，由政府機關或地方自治團體建立之宮廟佔〇・〇八%；已辦理財團法人登記的宮廟佔三・四七%；道教宮廟佔七八・二八%，佛教宮廟佔一九・六五%，一貫道佔一・七四%。臺南市有一千六百一十四，高雄市一千四百五十六間，屏東縣一千零七十四間，該三縣市合計佔宮廟總座數約三五%。

註釋

1 根據金管會二〇一三年的年報資料，全臺灣共有四十家金融機構，四千六百三十五間金融分支機構，包含郵局、農漁會信用部、信用合作社和票券金融公司。

第十章 神明都是大地主

愈早開發的地區，宗教用地面積愈大，愈往南部，宗教用地面積愈大，宮廟間數也愈多。

直覺來說，我們不會以為天上的諸仙諸佛會成為暴發戶或者是大地主，但實際經驗又讓我們覺得，一些宮廟或者是佛寺擁有大批的不動產和現金資產，民眾與信徒經年累月所捐獻的金額，竟然造就出某些宮廟成為神界地主與富公富婆。

根據內政部國土測繪中心的「九五—九七年度國土利用調查作業：各縣市之分類屬性統計表」顯示，全臺灣建築使用之用地為一七〇四〇二・五六公頃，其中，宗教用地面積為四三六六・五四公頃[1]，佔比約二・五六％，但這部分非全然是神明的土地，可是這個宗教用地佔建築用地的比例，會不會太高了點呢？

還有一件事得探討一下，既然臺灣的神明是大地主，想必定是相當有錢，而臺灣人常講有土斯有財，既然宗教用地佔總建築用地達二・五六％，顯然的，這些神明在臺灣不僅是大地主，還有可能是「神明富豪」。

所以說，臺灣的神明不僅是大地主，還是大富豪。

根據內政部的統計資料指出，至二〇一〇年底止，全臺灣宮廟的動產超過三千二百八十八億元，其中最有錢的是佛教與道教這兩大宗教，合計動產比例高達百分之九十九，宗教財富的集中度也是令人嘆為觀止。若再計算宗教用地的基地面積合計達五八五五一〇三九平方公尺，換算成我們比較有概念的坪數達一七七四二七三九坪，如果以市價來計算的話，恐怕價值不菲，這當中佛、道兩教的建築基地面積就合佔了百分之九十七。

另外，內政部地籍清理工作已經開始執行了好幾年，但根據媒體[2]引用內政部資料顯示，截至二〇一一年六月底止，在臺北市仍有五十三筆神明地仍未重新辦理登記手續，土地總價值高達七．五億元，也引起很多土地開發商「想在神明頭上動土」。爬梳這麼多統計資料，我們可以印證一件事，就是臺灣實在是地狹人稠，過去與海爭地，現在土地價值愈來愈高，空地愈來愈少，人間恐怕得與神爭地了！於是，提高土地利用程度，就是政府部門積極想做的事，但這免不了會在神明頭上動刀，將未登記的神明土地予以充公了。

「地王」是土地公

關於宮廟的統計，還有一個有趣的數字尚待討論，就是全臺灣的「神明會[3]」到底佔了多少土地面積呢？

根據媒體報導引用內政部的資料顯示，至二〇一一年六月止，全臺灣共有二千三百

多筆，計達兩百公頃土地的所有權屬於神明所有[4]，總價值超過四十四億元。其中，又以「觀音廟」中的觀世音菩薩在臺北市擁有超過一．二萬平方公尺的土地（約三六三六坪），成為神界大地主。「公業武榮媽祖」[5]擁有八塊地皮，但因處臺北精華地段，據評估土地價值應該超過兩億元，成為神界富婆。此外，「公業保儀公」及「土地公[6]」亦分別在臺北擁有一處價值上億元的地皮。

實際上，神明以神明會的名義在臺灣所擁有的土地，應該還會更多。到底神明在臺灣擁有的土地有多少呢？在沒有登記的情況之下，很難得知一個概況，唯有透過普查與登記，才能理出一個數字出來。內政部的統計資料雖然顯示出宗教用地的數量，但宗教用地也不盡然一定是神明所擁有的土地。因此，內政部的「地藉清理實施計劃」大致上就可以計算出一個基礎。

內政部的「地籍清理實施計劃」依據的是行政院在一九九〇年核定的「全國土地問題會議結論分辨計劃」題綱四、第五子題「如何加強辦理地籍清理」結論二「研訂地籍清理法，以徹底清理日據時期會社、組合、祭祀公業、神明會土地與權利人不明、未辦繼承登記土地，及依日據時期舊簿轉載之他項權利等地籍問題。」清理的目的，即是要理出權利不明的宗教用地，積極的目的更是要「活化土地利用」來充實國庫。

從本章所附的表四可得知，神明會在臺灣擁有的建物筆數達一六七一六筆，佔計劃筆數的三．七〇%；面積為一八〇九公頃，佔計劃筆數六．四〇%，土地現值（按二〇〇九年土地公告現值計算）達一千億元以上，而神明會的土地面積合計達總宗教用地面積的百分之三十九，可見神明在人間真的是大地主。

如果將「日據時期為宮廟或宗教團體所有，為日本政府沒入，於本條例施行時登記為公有土地者」、「原以宮廟或宗教團體名義登記，於一九四五年十月二十四日前改以他人名義登記者」，及「非以自然人、法人或依法登記之募建宮廟名義登記者，除神明會、日據時期會社或組合、祭祀公業外」這三者加入統計，則總筆數達二六九三二筆，土地面積達三〇一八．六四公頃，土地公告現值達一千四百二十億元。這也說明一件事，未清理的神明會土地若將之拍賣，對國庫而言的確是一筆不錯的收入，「活化土地利用，充實國庫」這個積極目的，當然是有所助益的。

舉幾個縣市的清理成效例來說，二〇一二年四月間，臺北市地政局實施地籍清理後，發現「地王」是土地公，擁有四十二筆土地，六使尊王、開漳聖王分居第二、三位。二〇一二年四月公告最後一類「權利主體不明土地（建物）」，共計一百五十筆土地和一棟建物，公告現值達十六億五千九百多萬元，神明名下土地就屬此範疇。其中，

北投區五十筆土地數量最多，中正區土地價值最高，約三億七千多萬元，登記在土地公、福德爺、福德神、福德正神名下土地共計四十二筆。居次的六使尊王名下有二十八筆土地，集中在北投區東昇路；開漳聖王則有十四筆土地，位在士林區至善路三段。

新北市的清理成效遠高於臺北市，登記名稱除「土地公」、「福德正神」外，「天上聖母」也有一百六十七筆，其中登記在「土地公」名下的土地數量驚人，僅八里一筆土地面積就達五二一一八平方公尺，公告權利不明的土地總面積約一五六．四二公頃，公告現值近六十億元。

政府的地籍清理如火如荼的進行，各縣市政府亦陸續傳出「捷報」，這說明神明在臺灣的土地實在太多了。但我好奇的是，如果神界的神明們有感，神明們在人間土地，若是被政府拍賣充公，會作何感想，這可能要請主管的政府機關，擲筊問神明了。

南部的宗教用地最大

根據內政部國土測繪中心所提供的「九五—九七年度國土利用調查作業：各縣市之分類屬性統計表」顯示，全臺灣建築使用之用地為一七〇四〇二．五六公頃，其中，宗教用地面積為四三六六・五四公頃[7]，佔比約二・五六%。

臺灣各縣市宗教用地排名最高的縣市是高雄市，達七八八・五三公頃；其次為臺南市，達八七二・九公頃；第三名為新北市，達三四二・〇九公頃；第四名為臺中市，達二九八・三八公頃；第五名是彰化縣，達二七三・三三公頃。前五大宗教用地面積的縣市，合佔全臺灣宗教用地的五二・一一%，五大直轄市的宗教用地面積佔臺灣總宗教用地面積的比例則高達四八・四二%，幾乎達一半的比例。愈早開發的地區，宗教用地面積愈大（如高雄市、臺南市和新北市），另外，愈往南部，宗教用地面積愈大，而宮廟間數也愈多。

以宗教用地佔建築用地比例進行比較，表一呈現出連江縣的佔比最高，達五%，這顯然是受地區特色的影響；其次是高雄市，達四・一五%；第三名是南投縣，達四・〇一%；第四名是金門縣（和連江縣一樣受地區特色影響），達三・八二%；第五名是臺南市，達三・一五%。

表一：各縣市宗教用地佔建築用地比例表（單位：公頃）

縣市／用途	建築用地	宗教用地	宗教用地排名	宗教用地佔建築用地比例	排名
臺北市	五一八八・三六	一一二・三九	十五	二・一七%	十八
高雄市	一九〇一一・八一	七八八・五三	一	四・一五%	二
新北市	一四〇四九・七一	三四二・〇九	三	二・四三%	十三
宜蘭縣	四九一九・三五	一一五・七二	十四	二・三五%	十五
桃園縣	一六〇三三・二六	二三四・一九	九	一・四六%	二二
新竹縣	五一〇三・〇九	一一八・四〇	十二	二・三二%	十六
苗栗縣	六五七六・三六	一六四・五二	十一	二・五〇%	十一
臺中市	一八九二九・〇〇	二九八・三八	四	一・五八%	二一
彰化縣	一四六九四・五四	二七三・三三	五	一・八六%	十九
南投縣	六一九九・一六	二四八・四二	八	四・〇一%	三

縣市／用途	建築用地	宗教用地	宗教用地排名	宗教用地佔建築用地比例	排名
雲林縣	一〇三一八・一〇	二五四・〇七	七	二・四六%	十二
嘉義縣	七五二四・一六	二一一・三五	十	二・八一%	六
臺南市	一八二〇〇・四一	五七二・九〇	二	三・一五%	五
屏東縣	九四五六・六〇	二五七・三七	六	二・七二%	十
臺東縣	二九九五・五一	八三・七九	十六	二・八〇%	七
花蓮縣	四一八七・一三	一一六・四八	十三	二・七八%	八
澎湖縣	一二八一・四七	二九・一二	十九	二・二七%	十七
金門縣	六〇六・八五	二三・一九	二二	三・八二%	四
連江縣	六四・六五	三・二三	二三	五・〇〇%	一
基隆市	一五三一・一〇	四二・五八	十八	二・七八%	九
新竹市	二一三六・九七	五一・六六	十七	二・四二%	十四

縣市＼用途	建築用地	宗教用地	宗教用地排名	宗教用地佔建築用地比例	排名
嘉義市	一三九五・二二	二四・八三	二十	一・七八％	二十
總計	一七〇四〇二・八〇	四三六六・五四		二・五六％	

資料來源：九五—九七年度國土利用調查作業：各縣市之分類屬性統計表。內政部國土測繪中心

若以各縣市宗教用地佔總宗教用地比例進行分析，從表二可以得知比例最高者為高雄市，一八・〇六％；其次為臺南市，一三・一二％；第三名為新北市，七・八三％；第四名是臺中市，六・八三％；第五名是彰化縣，六・二六％。

表二：各縣市宗教用地佔總宗教用地比例表（單位：公頃）

縣市＼用途	建築用地	宗教用地	宗教用地佔總宗教用地比例	排名
臺北市	五一八八・三六	一一二・三九	二・五七％	十五
高雄市	一九〇一一・八一	七八八・五三	一八・〇六％	一
新北市	一四〇四九・七一	三四二・〇九	七・八三％	三
宜蘭縣	四九一九・三五	一一五・七二	二・六五％	十四
桃園縣	一六〇三三・二六	二三四・一九	五・三六％	九
新竹縣	五一〇三・〇九	一一八・四〇	二・七一％	十二
苗栗縣	六五七六・三六	一六四・五二	三・七七％	十一
臺中市	一八九二九・〇〇	二九八・三八	六・八三％	四
彰化縣	一四六九四・五四	二七三・三三	六・二六％	五

縣市／用途	建築用地	宗教用地	宗教用地佔總宗教用地比例	排名
南投縣	六一九九・一六	二四八・四二	五・六九%	八
雲林縣	一〇三一八・一〇	二五四・〇七	五・八二%	七
嘉義縣	七五二四・一六	二一一・三五	四・八四%	十
臺南市	一八二〇〇・四一	五七二・九〇	一三・一二%	二
屏東縣	九四五六・六〇	二五七・三七	五・八九%	六
臺東縣	二九九五・五一	八三・七九	一・九二%	十六
花蓮縣	四一八七・一三	一一六・四八	二・六七%	十三
澎湖縣	一二八一・四七	二九・一二	〇・六七%	十九
金門縣	六〇六・八五	二三・一九	〇・五三%	二一
連江縣	六四・六五	三・二三	〇・〇七%	二二

縣市／用途	建築用地	宗教用地	宗教用地佔總宗教用地比例	排名
基隆市	一五三一·一〇	四二·五八	〇·九八%	十八
新竹市	二一三六·九七	五一·六六	一·一八%	十七
嘉義市	一三九五·二一	二四·八三	〇·五七%	二十
總計	一七〇四〇二·八〇	四三六六·五四	一〇〇·〇〇%	

資料來源：九五—九七年度國土利用調查作業：各縣市之分類屬性統計表。內政部國土測繪中心

表三：宮廟登記概況表（統計至二〇一〇年）

宗教別＼項目	總座數	動產 單位：千元	面積（單位：平方公尺） 基地面積	建物面積	其他面積	信徒人數
道教	九二九六	一五一五〇七一〇四	四一五九四一九五	七九九六七八一	二二七七九九三二九	八〇二四六九
佛教	二三三三	一七五五六四五八〇	一五一七六九四五	四三六二三一三	六五九八八九二一	一六六五〇六
理教	六	六五三五	一七四三四	九八七	二六四	二二二
軒轅教	八	二四九六	四七三四二	三二四〇	一二五一七六	三一七
天帝教	一	二三〇〇	四三二二	六〇〇〇	—	三三
一貫道	二〇七	一五〇三八六一	一六三二〇四〇	三四五一九〇	一七四八六五二五	一八二五七
天德教	五	一一二八	二八三八四	一〇九〇六	一六〇四六	三〇六
儒教	十五	二二六四九六	四三八六二	一七〇三五	九九六二	九〇九
太易教	—	—	—	—	—	—
亥子道	—	—	—	—	—	—

宗教別＼項目	總座數	動產 單位：千元	面積（單位：平方公尺）基地面積	建物面積	其他面積	信徒人數
彌勒大道	二	五二〇	五三七七	三三九一	—	二六七
中華聖教	—	—	—	—	—	—
宇宙彌勒皇教	—	—	—	—	—	—
先天救教	—	—	—	—	—	—
黃中	一	—	一八〇	一二九	—	四二
玄門真宗	—	—	—	—	—	—
天道	—	—	—	—	—	—
其他	一	一〇〇	九五八	一七四	—	三二
合計	一一八七五	三二八八一五一二〇	五八五五一〇三九	一二七四六一四六	三一一四二六二三	九八九三六〇

資料來源：內政部

根據內政部在二〇一〇年四月所公布的「地籍清理實施計劃」，統計以神明會登記的土地與建物筆數（如表四），其中，根據定義，已清理的包含兩個部分：「條例施行前已依有關法令清理之神明會，於條例施行後仍以神明會名義登記者」，及「以神明會名義登記者或具有神明會之性質及事實者」；待清理的分為兩個部分：「以神祇、未依法登記之宮廟或宗教團體名義登記，現為依法登記之募建宮廟或宗教團體使用且能證明係同一主體者」，及「以神祇、未依法登記之宮廟或宗教團體名義登記，現為依法登記之募建宮廟或宗教團體使用未能證明係同一主體者」，並排除以下三項：「日據時期為宮廟或宗教團體所有，為日本政府沒入，於本條例施行時登記為公有土地者」、「原以宮廟或宗教團體名義登記，於一九四五年十月二十四日前改以他人名義登記者」，及「非以自然人、法人或依法登記之募建宮廟名義登記者，除神明會、日據時期會社或組合、祭祀公業外」。

表四：神明會土地統計

作業／縣市	神明會已清理	神明會待清理	神明會小計	已（待）清理總計	神明會比例
臺北市	一〇五	三〇一	四〇六	一〇三〇二	三・九〇%
高雄市	四九	一七一	二二〇	三三九一	六・五〇%
臺北縣	五三六	二七六六	三三〇二	七三八九五	四・五〇%
桃園縣	一〇四三	六二八	一六七一	五六七三八	二・九〇%
新竹縣	三九九	二二七	六二六	三〇〇三二	二・一〇%
苗栗縣	四二一	四〇五	八二六	一九四九六	四・二〇%
臺中縣	四一二	四四二	八五四	一五〇一八	五・七〇%
彰化縣	八六三	一四三〇	二二九三	四五一九〇	五・一〇%
南投縣	二四二	一二〇	三六二	二八三三	一二・八〇%
雲林縣	一七三	二二六	三九九	二一四〇五	一・九〇%

嘉義縣	一一八	三七七	四九五	八三〇五	六・〇〇%
臺南縣	五三一	三〇四	八三五	四〇一〇五	二・一〇%
高雄縣	一七九六	六六	一八六二	二四九九二	七・五〇%
屏東縣	五九三	二三五	八二八	一一五四四	七・二〇%
宜蘭縣	二九四	二三三	五二七	一七六八七	三・〇〇%
花蓮縣	四	三	七	二二一九	〇・三〇%
臺東縣	四	五三	五七	二〇九八	二・七〇%
澎湖縣	七九	三〇二	三八一	三〇五三五	一・二〇%
基隆市	七	一六三	一七〇	三二一三	五・三〇%
新竹市	一九二	四八	二四〇	二四二三	九・九〇%
臺中市	五四	五五	一〇九	七四七一	一・五〇%
嘉義市	二	二五	二七	五五一	四・九〇%
臺南市	一一〇	六三	一七三	二六一九	六・六〇%

金門縣	—	四六	四六	一八二二〇	〇・三〇%
連江縣	—	—	—	一二〇四	〇・〇〇%
筆棟數總計	八〇二七	八六八九	一六七一六	四五二二八六	三・七〇%
面積總計（公頃）	八一一	九九八	一八〇九	二八二五六・七六	六・四〇%
土地現值總計（千元）	三二九三四六六六	六七〇九二四五九	一〇〇〇二七一二五	六一四二一七一三五	一六・三〇%

資料來源：內政部「地籍清理實施計劃」，二〇一〇年四月

註釋

1 根據內政部國土測繪中心的定義，宗教用地係指宗教、殯葬設施、興建中以外之其他建築用地，包括人民團體、財團法人等類別。

2 詳見國際在線，臺灣神明都是大地主，二〇一一年六月二十八日，網址：http://gb.cri.cn/27824/2011/06/28/5190s3290656.htm。

3 根據內政部民政司的解釋，神明會是一種宗教信仰組織，前清時期先民陸續從原鄉中國大陸渡海來臺，為祈求神恩永沐、海路平順，或已來臺人士為解離鄉背井之苦悶，使精神有所寄託，會將其所崇拜特定神明予以供奉，並藉組織之建立與發展，鞏固其庄頭或地盤，久之成為臺灣社會特有之民間信仰與聚落社群聯繫、聯誼之宗教性崇神組織力量。

依據法務部出版《臺灣民事習慣調查報告》，對神明會的組成背景，其分析指出，神明會有因同鄉、同姓、同一行業、同一村莊、結拜金蘭或純粹認同某一特定神明所結合的人士，故其名稱通常稱為「會」、「社」、「堂」，亦有稱「嘗」、「季」、「盟」、「閣」、「亭」、「祠」、「祀典」者，為籌集組織運作及聚餐聯誼之經費，該組織之成員，通常被稱為會員或信徒，以集資購置財產，用其收益，如不動產之租穀、租金等，辦理該神明會祭典活動；唯顯現在神明會不動產上之土地登記名義，有神明名義、會社名義或其他名義，如「天上聖母」、「福德爺」、「魯班公」、「關帝爺會」、「天上聖母六媽會」、「如蘭堂」等。事實上，一般人對該組織與土地登記認知上會有落差，甚至從上述土地所有權登記資料上很難認定，甚至有部分產權性質與宮廟組織有糾葛不清情況，這些僅有神明或會社名義之土地所有權人，外加值年爐主之管理人名義登記，造成目前神明會處理上難以認定其成員的主要問題。

4 根據內政部地政司資料指出，臺灣光復之初遺有以日據時期會社、組合、神明會名義登記等地籍登記不完整，或與現行法令規定不符之情形，因該等情形存在已久，不僅影響土地之有效利用，亦妨礙民眾財產權利之行使。為徹底解決上述地籍問題，爰制定「地籍清理條例」，經總統於二〇〇七年三月二十一日公布，並於二〇〇八年七月一日起施行。依照「地籍清理條例」，土地登記主體必須是具有行為能力的「法人」或「自然人」，這樣土地才能開發，因此神明不能當地主。內政部會要求各宮廟或宗教團體主動辦理變更登記，若無法確定土地的真正所有人，七月一日起將由縣市政府依法標售。標售金額將存入專戶，若這些錢十年內沒人申領，將全數充公。

5 漢人在臺灣落地生根的時候，不只會重視對祖先的崇拜，而且希望民間宗教的各個主要神明，也能夠協助先民在臺灣安居樂業，建立自己安和樂利的家園。因此，血緣、地緣團體，建立起祭祀公業的同時，也同時建立類似「神明會」的組織。而這種組織也是大家共同集資創立起來，如果他們擁有土地，就會被看成是一種類似祭祀公業共同擁有土地與資產的狀況（現行民法稱之為「公同共有」）。（資料來源：林端，《臺灣「神明會」的社會學分析》，行政院國家科學委員會專題研究計劃。）

6 二〇一三年一月，臺北市最大、百年歷史的土地公廟「景佑宮」，因地主繳不出借貸利息被拍賣，底標價是二億六千萬元，平均每坪約二百六十萬元。

7 根據內政部國土測繪中心的定義，宗教用地係指宗教、殯葬設施、興建中以外之其他建築用地，包括人民團體、財團法人等類別。

第十一章 中元普度創造內需

透過消災解厄的宗教活動，信徒就會增加信仰度，信仰度一增加，最直接的回饋就是宮廟靈力規模的擴大，並表現在信徒金錢的捐獻。

農曆七月十五日是民間的中元普度，又稱中元節，這一天家家戶戶、公司行號，甚至政府機關都會舉辦普度祭拜好兄弟，讓大家出入平安。

其實，在中元節祭拜好兄弟的心態很容易理解，宗教信仰要人們佈施，就是怕陰間的好兄弟作怪為亂，給好兄弟一些好處，一來符合宗教為善的道理，二來好兄弟也因為吃飽喝足就不會為亂人間。從傳統信仰行為來看，普度這件事或多或少有「買保險」以避禍的成分。農業社會民智未開，普度活動的宗教成分比較濃厚，和當今工商業社會的普度有很大的差別，最大的差別在於現在的宗教意義已經淡薄，拚新臺幣的成分卻很多。

普度的宗教經濟與社會意義

普度的名稱應為「施食濟鍊」，乃本於善念，讓陰間幽魂可以透過陽間的佈施活動得到「物資」，最終目的則是「陰陽兩利」。此外，向陰間幽魂施食的另外一層目的，就是勸人向祖先盡孝，因此普度眾生就是為了彰顯孝道。宗教界認為，中元普度的宗教和社會意義有五個面向：

其一，積德行善，追求的是陰陽和諧。

其二，彰顯傳統大道至孝美德。

其三，消除罪業，禳災解厄。

其四，祈福迎祥，增滿福德。

其五，活絡內需經濟、普現社會福利。

如果普度的最終目的是為了要陰陽兩利，這動機就包含自利的成分。傳統信仰認為人鬼殊途，最好是井水不犯河水，因此認為只要陽間的人施予好處給陰間的鬼魂，就可以保平安，說穿了這就是交易行為，而宮廟的普度活動則提供一層「保險」的成分。

靜宜大學中文系的臺灣民俗文化研究室認為，民眾對孤魂野鬼交織著憐憫與怖慄之情，一方面尊稱孤魂野鬼為「老大公」或「好兄弟」，顯示人鬼間的親暱關係，另一方面又在方法上採恩威並施，先懷柔後高壓的手段，既立祠供奉，卻又由城隍爺、地藏王菩薩加以管制，以鬼王鍾馗的「以鬼制鬼」政策管束同類。

以此來論，傳統信仰認為陰間幽魂的存在既然是事實，就必須恩威並施加以管理，以免這些幽魂出來作怪擾亂人間，並在宗教活動上予以安撫，但卻又明白昭告只要好兄

弟不犯事，大家可以各走各的陽關道獨木橋，但只要一犯事就採取制裁手段的兩面手法來治理。

在另一層面的經濟意義上，「放焰口」是佛教教義積德行善的主張，積極上是為了追求陰陽和諧，這個過程是利他的，但也是自利的。因為追求和諧，希望陰間的幽魂不要犯陽間社會，彼此就能相安無事。至於消除罪業與解厄的功能，如之前論述，也就是宗教信仰上的贖罪是可以被商品化與市場化，只要透過宗教活動就能夠有效制止一個人因為很多「業」所產生的「災厄」，讓還沒有發生的災厄由大化小，由小化無，直至消除罪業，清淨眾生業障。

以宗教信仰而言，透過消災解厄的宗教活動，信徒就會增加信仰度，信仰度一增加，最直接的回饋就是宮廟靈力規模的擴大，並表現在信徒金錢的捐獻。

同樣的，在祈福迎祥、增滿福德的功能上，和上述消除罪業與消災解厄是一體兩面的。一則是求避禍，一則是求福德，兩者不僅能夠消滅前世與今生的各種罪業，還能夠積累來世的善因福果，同樣是很明顯的自利行為。

最後，活絡內需經濟、展現社會福利的意義，更是很明顯彰顯宗教信仰對於經濟活動的影響有多大，因為每年各地宮廟舉辦普度法會所需的供品數量是非常龐大的，普度帶動內需消費，相關的業者就容易受惠（尤其是大賣場）。此外，普度結束後，廟方將某些供品發放給社會弱勢家庭或社福團體，也會減輕許多弱勢家庭的負擔，這也是社會福利的表現。

普度一年商機二百億

活絡內需經濟、普現社會福利的意義，更是顯示宗教信仰對於經濟活動的影響有多大，因為每年各地宮廟舉辦普度法會所需的供品數量非常龐大，普度帶動內需消費，相關的業者就容易受惠。此外，普度結束後廟方將供品發放給社會弱勢家庭或社福團體，也會減輕弱勢家庭的負擔，這也是社會福利的表現。

然而，以前普度時，宮廟會將祭品接濟給生活困難的人，多少有分配的意義，但現在中元普度大拜拜似的規模，卻是很多業者的商機。

臺灣傳統信仰中，除了宮廟幾十年一次的建醮活動以及燒王船等祭典，大規模的祭祀活動並不多見，唯獨一年一次的中元普度能創造內需。以二〇一四年中元普度為例，根據通路業者估計各大賣場、超市與超商等通路商機超過兩百億元。

雖然中元普度是陽間對陰間幽魂進行佈施，但這些供品除了紙錢和線香，最後都是進了每個人的肚子裡，這就和實體經濟出現連結。對某些行業來說，農曆七月是淡季，如婚紗業、汽車業、不動產業等都視鬼月為禁忌，但對零售業者而言，農曆七月是旺月，從七月初一鬼門開啟旺到七月末，陽間可以從月初拜到月尾，整體的供品需求量比其他月份增加很多。零售業者視鬼月為業績戰場，還有連鎖零售賣場和開啟鬼門同步促銷，以二十四小時不打烊又半夜打折的方式擴大促銷，看中的當然是供品的商機。

農曆七月當然也是各地宮廟拚場的大日子，一來可以增加香油錢，二來宮廟間也有競爭，中元節這一天信徒選擇要去哪裡拜有排他性，能夠爭取最多信徒當然就具有更大的競爭力。但事實上，很多宮廟也彼此配合，不要在七月半這天撞期辦普度，不同宮廟就可以和諧雨露均沾，這就好像百貨公司週年慶會彼此配合不會撞期，讓大家可以各憑本事好好賺一筆。

若以宮廟普度的規模來論，南鯤鯓代天府是數一數二，二〇一三年普度供桌超過四千桌，綿延超過兩百公尺，二〇一四年廟方未通知信徒參加，但祭拜規模超過四千七百桌。另外，苗栗縣銅鑼鄉的吳福宮在二〇一四年的普度也提供供品免費送給民眾，短短不到十五秒，上千桌供品全被秒殺。彰化縣二林鎮的廣懿宮，更是舉辦號稱全臺最大的普度，準備五千桌供品，硬是贏過南鯤鯓代天府。

除了零售業的業績強強滾，中元節也讓傳統紙紮業的業績翻了好幾番，除了傳統的紙人、普度公和紙紮房，汽車和電話日常用品也開始供輸到冥界幽魂，可說陽間有什麼，陰間就同步需要什麼，通通可以「燒過去」。而網路商店也搭著中元採購的商機，推出各式紙紮禮品，包括智慧型手機、平板電腦、智慧型手錶、谷歌眼鏡的紙紮商品，都可以燒給好兄弟。這讓人好奇，這些紙紮商品究竟是陽間的創意，還是幽冥界的需求？

豬價上漲，供品用租的可以嗎？

農曆七月，陽間不僅真的燒錢購物孝敬好兄弟，也燒錢（紙錢）孝敬好兄弟，民間消費數量之大，偶爾還會撼動消費物價的上升，連主計總處都得出來疏通和表達一下意見，但這種因季節因素影響的物價多半不具參考價值，但確實也影響大家的荷包。

二〇一四年的豬肉與雞蛋價格漲的很兇，尤其是豬肉價格到中元普度這一天不僅民眾難受，連各地宮廟也吃不消。為什麼豬肉價格一直漲價？據瞭解，主要是因為二〇一

三年底毛豬疫情讓供給量減少，再因豬農預期心理而惜售，這兩個因素讓豬肉價格從二〇一三年底到二〇一四年七月止漲價超過百分之三十。

豬肉漲價，中元普度可以少買一些來拜嗎？一點可不！

臺灣的傳統信仰認為，中元普度的供豬就是準備拜好兄弟之用的，普度完後再把豬肉分送親朋好友，認為吃了可以消災保平安，因此，豬肉在中元普度祭品中扮演著重要的角色。但豬肉價格漲太多，大家薪水又沒調漲的情況之下，大家只好不減心意的少買些豬肉當祭品，也只好向由幽冥界的好兄弟們解釋一下陽間因為物價高漲，大家有不得不的苦衷，彼此「將就一下」吧！

二〇一四年高漲的豬肉價格，最終的結果是減少消費來因應這個不得不接受的結果，譬如臺南市的南鯤鯓代天府就因為各地都在搶供豬，普度現場近四百頭豬就比往年少很多。

但山不轉路轉，既然豬肉價格居高不下，宮廟或信徒可不可以用租的來替代呢？

臺灣近年來出現一種行業叫做「供豬出租業」，在過去因為傳統習俗影響下乏人問津，但二〇一四年的豬肉價格實在太貴，以致於出租業生意竟然比以往成長超過四成。

供豬出租業的生意模式是這樣的，二〇一四年一頭兩百臺斤的豬，成本已經漲到上萬元，如果用整隻豬當祭品，運回家再請人肢解，總成本大概是一萬五千元。但出租的供豬每頭費用約三千至六千元，如果只是單純祭拜而言，以成本來說當然比較划算，而租用後的供豬再以較低的價格賣給肉品加工廠製成肉乾、香腸等。

但我很好奇的是，一頭供豬的成本如果以一萬元計算，租金三千元，一頭供豬至少要周轉四次才有賺頭，如果半價賣給肉品加工廠，至少也要周轉兩次以上才有利潤，所以說「供豬不回頭」重複祭拜這件事，單純以經營模式而言，恐怕會變成慈善事業，但不說穿了，也沒人去追究了。

宗教小辭典

放焰口：又稱「施食」，是對餓鬼道的眾生做佈施。透過多種神咒，讓餓鬼道的眾生能夠吃到甘露法食。凡是被召請來的餓鬼，可以仗著佛的神通願力而飽餐一頓，之後再為它們宣揚佛法，勸他們歸依三寶，讓餓鬼道眾生永遠脫離餓鬼道的苦難，這就是放焰口的目的。

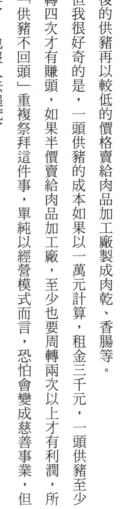

第十二章 燒紙錢的大學問

紙錢文化可能是紅包文化的由來，是信徒在賄賂鬼神。

傳統信仰上，紙錢的分類有兩種，一種是「金紙」，上貼金箔，專事孝敬神祇用的；另一種是「銀紙」（又稱冥紙），專事燒給陰間的祖先或好兄弟用的。

我們為什麼要燒紙錢？這是我的疑問，而韋伯在《宗教社會學》提到，最早的紙幣其實是用來付給死者的（可能受東漢蔡倫的傳說影響）。而我更大的疑問在於，神界缺錢嗎？人間為何要燒金紙給祂們呢？死去的人也缺錢嗎？要去哪裡花呢？

學者施晶琳在〈臺南市金銀紙錢文化之研究〉一文中提到，在漢人的文化認知中，出生、生病、死亡，乃至於祈求財運、避免厄運等的各種生命禮儀，以及歲時祭儀神誕廟會中，金銀紙錢都在這些儀式中佔有其特殊而重要的位置。在人類文明之中，源於自然崇拜、祖先崇拜等所衍生而出的祭祀行為中，人們對於不同祭祀對象時，往往也會基於他們的文化價值體系來選擇能相配合的祭祀品，而且儘管是相同的族群也可能因為地域的不同，而在相同文化之中產生些微差異。如同在臺灣的南部和北部同樣燃燒金紙，但是兩地人對於每次燃燒金銀紙的數量多寡與形式，也有不同的認知。

信徒會賄賂鬼神？

從以上的說明可以推導出，人們燒紙錢的行為大致上是在祭祀中發生，至於為何燒紙錢，重點則在於「祈求」，求什麼呢？求健康、求財運、求姻緣、避厄運等，總的來說，我們求一些「利得」，但也求規避一些「風險」，我認為這都是理性且合理的。但向誰求呢？很簡單的二分法，向上求神，向下求鬼（包含祖先）罷了。因此，我們從傳統上燒金紙是孝敬給神明用的，銀紙則是孝敬給陰間的諸鬼與祖先用的，絕不可混用，而且根據不同的祭祀場合，出具的金銀紙尚有不同形式與功能。

燒紙錢這件事，其實是功利導向的，向天上與地下的神鬼們進行某些「交易」，交易的內容愈大，紙錢就會奉獻愈多。

從「求」這件事上，其實可以發現燒金銀紙其實有點「賄賂」與「買收」的味道，燒金紙給諸方神明，更甚一點說還有點買「保險」與交「保護費」的功能。人間的疏通要講「關係」，送禮（包含金錢）是很平常之事，對神鬼界的疏通，當然也要意思意思一下，祭品是有的，燒金銀紙當然也是同樣的道理。

紙錢的存在，文獻有很多探討，施晶琳提到《周禮》、《前漢書．張湯傳》，以及宋

代的高承《事物紀原》與唐代的《冥報記》皆有相關的記載，紙錢起源於陪葬物的概念以及祭禮中祭獻的儀式。對於紙錢的源流在此就不再多述，本文主要還是以紙錢的功能面進行探討。

學者李亦園在《信仰與文化》中針對金銀紙錢提出學術觀點，解釋了金銀紙錢與漢人觀念中神靈階層的相互對應關係，將不同金銀紙錢與不同位階神明的對應關係作陳述，同時分析宗教儀式乃是象徵性的行為，漢人藉由不同的象徵觀念、物品和場所，來表達對於不同種類神靈的親疏尊敬的態度與熱情。

施晶琳認為，在漢人的民間信仰中，除了在多神論的觀念上與西方基督信仰觀念明顯不同之外，對於「祭品」的重視程度也與其他民族有所不同。在漢人的信仰觀念中，人們會透過祭品的奉獻而祈求神明能夠達成願望，甚至也可以是當作神明幫助願望完成的謝禮。其中以「金銀紙錢」當作祭品的使用，更在其他民族的祭祀活動中所未見的，因此也可以說是漢人文化中相當特殊的一個部分。

實際上，燒紙錢的行為其實是一種「祭品」，視同一般祭品的定義處理掉了，而功用在於對神明的「酬謝」，而實際經驗中，社會上對於關係的運用，尤其是用於買通關係這件事上，其實有分「前金」與「後謝」。在商業貿易上，商品或者是服務的買賣，有時是以「訂金」的方式開始一筆交易，直到商品或服務完成遞交或者是完成時，才會將餘款付清。而宗教行為中，所謂的酬神、舉辦野臺戲，或是祈還米龜等行為，一定基於是「還願」而來的。也就是說，信徒一開始，一定得先起個願，如果神明可以「助其達願」的話，信徒則以較大的實質方式來感謝神明的幫忙，這就是後謝。

在社會上，買通關係可以僅是一般交際，但也有可能是一種關係的「賄賂」，放在神明與信徒之間的關係，似乎也說得通。

學者董芳苑《探討臺灣民間信仰》一書中，他認為信徒赴廟便要「燒金」（焚化金紙）的行為，也可以說是從社會的「紅包文化」而來。因為社會大眾普遍有「有燒金才有保佑」、「有錢能使鬼推磨」的觀念，所以他認為，在這樣的邏輯思考下，使社會大眾在拜託有利害關係的官僚協助辦理事情時，也要送紅包。

在功利性的思考下，燒紙錢的動機很容易就會與關係的賄賂產生一定的聯想，所以在自利的基礎下，信徒對神明的賄賂，透過燒紙錢這種行為來表達，當然是無可厚非。但信徒心理這麼想，行為這般表現，他並不會坦白告訴他人，他正在「賄賂」神明，而神明也無法向人間表意，「祂們」正在接受人間的賄賂——信徒擲筊，得到允筊。好吧，我們成交！

但學界也有另一種說法，如把燒金紙視為一種贈與，僅僅是一種情感交流罷了。說到送禮與贈與，經濟學家亦有不同的見解，一派認為送禮最好送現金，一派認為送禮還是要有實物，送現金反而貶抑人際關係。

瓦德佛格（Joel Waldfogel）在《小氣鬼經濟學》（*Scroogenomics: Why You Shouldn't Buy Presents for the Holidays*）書中主張，送禮有其「絕對損失」（deadweight loss）[1]的問題，他認為如果一個人花一百元買一個東西，必定是他覺得東西價值等於一百元，甚或覺得它有一百二十元的價值感才會買，這種價值的追求，在經濟學上非常重要，這個美好的感覺叫做「消費者剩餘」（Consumer Surplus），它也是推動人類改善生活最重要的原理。然而，為別人買禮物，因為不知對方喜歡什麼，所以很難達到物超所值的理想；往往一個一百元的東西，送到對方手上，對方感覺只有八十元的滿足，這中間的二十元差距，就白白浪費掉了，這是作者所謂的「絕對損失」（或稱「無謂損失」）。所以，瓦德佛格主張，送禮最好是送現金才不會有絕對損失的問題，正因為金錢並沒有效用損失的問題，一塊錢就是一塊錢，除了短時間的通貨膨脹，其價值與效用並不會有所損失。

與神鬼交易的成本

好吧，燒紙錢是人間對神鬼界的金錢關係交易，所以用經濟理論來思考，燒紙錢並不會有「絕對損失」的問題，只是神人之間的關係交流而已。但反對瓦德佛格觀點的人認為，送禮本身並不能計算其名目的功利價值，維繫關係本身同樣有其價值存在，並不能忽略。

舉例來說，一份禮品送出去，名目價值為一百單位貨幣，收禮者卻認為只值七十個單位貨幣，但是只要他得到這份關係的價值達三十個貨幣單位以上，總價值仍不變，甚至高於名目價值。問題在於，我們很難去計算這增減之間到底有多少效用，但可以做個很簡單的實驗。假定你收到一個禮物（名目價值為一百個單位貨幣）且不太中意，你打算以七十個單位貨幣將之轉售，絕對損失就是三十個貨幣單位，但問題在於朋友送錯禮，到底是關係的加分（超過三十個貨幣單位）還是減分（少一個貨幣單位也是），這個就很難論定了。

我倒是認為，在資訊對稱的情況下，又可以得知收禮者的偏好與需求，送禮當然可以把總體價值提高，但要是掌握不到對方的偏好與需求，送「紅包」就會變得很「俗

氣」，但是效用卻很高的一種方式。

同樣的道理，放在信徒與神鬼間的關係交易也一樣，但主觀上我並不同意燒紙錢只是信徒和神鬼間的禮尚往來罷了，把功利因素抽離，很多信仰行為會很難解釋得通。這主觀上其實是根基於功利的角度來設論，也就是說在宗教行為中，祈求這件事很難脫離供需之間的關聯，不單僅僅是利己而已，也可以利他。如此說來，在供需之間就必然存在著對價關係，這個市場是存在的，而且是競爭的，有其價格競爭的機能。

雖然紙錢並非神明所發明的，同樣的，貨幣的機能也非政府所創造的，在市場機能之下，貨幣可以被創造出來是基於很多理由，例如價值的儲藏，但最重要的原因還是在於交易成本（transaction cost）[2]的降低，透過貨幣，買賣的交易成本有了貨幣這個交易媒介（不必然一定是金錢），雙方的交易效率就會增進很多，成本就會降低了。

這倒是讓我想到紙錢的發明，是否和貨幣一樣，植基於交易成本的降低呢？譬如說，食物當成是供品，雖然實用性未減，但仍有很多問題，譬如保存的問題，根本上還是有如何透過一種介面與形式，將之「傳遞」給鬼神呢？因此，宗教學者認為，用火來轉化是一種媒介，可以把自然物轉成超自然物給鬼神。

信徒奉獻的行為與形式雖然有很多種，但不管怎麼說，一定且必須存在一種轉化的程序，才能進行傳輸。這種概念好像科幻小說，物品的遠距離傳輸，可以將物質轉化成電子，透過光速進行傳輸，到達設定地點後再進行還原。同樣道理，我也會認為信徒焚燒紙錢，也是透過火這個媒介，焚燒這種程序，轉化奉獻給鬼神。那麼，可以變成一種規格與形式的紙錢，似乎也降低了與神鬼交易的交易成本——很簡單，燒紙錢這種方式，在漢人社會裡都行得通，不管在中國大陸、香港、新加坡和臺灣都行得通，差異只是在於形式略有不同罷了，但根本上金銀紙的區分是不會有任何差異的。

於是乎，紙錢的創造就會植基於信徒的信仰，只要紙錢的創造者可以讓信徒相信這般的紙錢，有助於他的祈求成真，願意用貨幣來購買紙錢，接下來就是信徒間的口耳相傳，這樣一種新的紙錢形式就會開始流行，而且還會日新月異。我曾經看見信徒焚燒美元形式的紙錢，甚至有信用卡，或者是冥國銀行所發行的銀紙，基本上和現實社會的習慣沒有什麼兩樣。只要有人發明、信徒們相信，供需之間就會成立。

燒紙錢，本來就是人間對神鬼界的利益傳輸，紙錢的存在，有需求就會有所供給，但上述紙錢的發明，還是在於供給的提出，也就是一定有人先發明紙錢，然後約定成俗，紙錢就自然存在了。而隨著時代的演進，舊時傳統的紙錢依舊會存在，畢竟這依附著傳統宗教信仰，有一定的規則與習慣，而這個習慣又依著傳統的農民曆，因此，這些

金銀紙店就會有大小月之分。

至於新式紙錢花樣就多了，反正需求會創造供給，而我相信樣式也會愈來愈多，未來更有可能會出現儲值卡、金融卡、信用卡，更直接一點空白支票也可以，人間與冥界，也許會有人弄出個自動提款機也說不定。或者，冥界也可以成立中央銀行（其實是設在人間而非冥界），更可以與人間的貨幣進行清算。

反正只要人們相信，有什麼不可以呢？好吧，那麼如此一來，冥界會不會因為人間幫他們創造出太多的貨幣與信用，出現通貨膨脹的問題呢？這個有趣的話題，後面的敘述會慢慢道來。

年燒紙錢一百三十億元

華人習慣焚香燒紙錢，這是一種民間信仰的習俗，但傳統與現代之間有很多矛盾的問題，其中之一就是汙染。

中國大陸每年在清明節期間用於祭祀焚燒的紙張就達千噸以上，清明節當天，這項「白色浪費」[3]便高達一百多億人民幣。在臺灣，根據臺灣區造紙同業公會統計，臺灣每年進口及自產的敬神用紙約十二至十五萬噸，以公會統計的二〇一一年的紙張總量為五六七・八萬公噸（包含進口）當基礎，臺灣每年少說有二%以上的進口紙張用量是用於金銀紙的製作，若加上臺灣業者的自身供應，環保署的數據是每年燒二十八萬公噸，當然，這些紙錢的最終形式就是焚化。

燒紙錢這個問題其實挺嚴重的，最重要的問題來自於空氣的汙染，以及所造成的廢氣與重金屬汙染[4]的問題，在臺灣二氧化碳排放量的人均值一直很高，設法降低紙錢焚燒的環保問題就變成是環保單位要傷腦筋的問題。

燒紙錢本來就是華人的民間習俗，要讓傳統信仰不燒紙錢的難度很高，但是減量這件事，或許可以透過宗教領袖們對信徒加以宣導，比政策宣導來的有用。但臺灣每年燒了多少紙錢、多少炷香呢？

根據統計，臺灣傳統燒金紙的習俗，每年至少浪費一百三十億元，還排放近一億公斤二氧化碳，以燃燒一公斤紙錢會排放約一・五公斤二氧化碳來估計，每年燒掉的紙錢至少排放二十二・五萬噸的二氧化碳，需要至少一千五百萬棵喬木才能吸收完畢。而且，焚燒這些紙張等於砍掉兩百萬顆樹，無法回收利用。以二〇一三年二月的進口廢紙價格每公噸二百二十美元計算，若全部紙錢都採用進口供應，以每年用量十五萬公噸計

算，則一年臺灣光焚燒紙錢的「經濟規模」就達三千三百萬美元，合九．九億元。當然，九．九億元純粹是以進口廢紙的價格計算，若加計中間的加工程序、輔料、包裝、運輸等成本，一年浪費一百三十億元的可能性就非常高，再加上焚香的費用，恐怕遠遠超過一百三十億元的經濟規模，就資源而論，當然是一種浪費。

臺南市環保局就曾調查過，臺南市三百二十六家宮廟一年燒掉九百三十五噸金紙，產生的空氣汙染物，相當於全市十九萬多輛小客車，每輛跑三百一十公里的廢氣汙染量。若加上燒一百一十三噸香產生的汙染，對空氣品質影響更大。環保局呼籲宮廟及民眾，配合紙錢集中焚燒及一人一炷香政策，減輕空氣汙染，並推動紙錢集中燃燒及減量政策，希望從每年中元普度開始推動減量運動。

一開始臺南市的普查結果顯示，全市只有一〇六家宮廟辦理中元普度，焚燒的金紙僅六千五百多噸，僅佔全年焚燒量的〇．七％，因此環保局希望把「紙錢集中燒」擴展至其他節慶及農曆每月初一、十五，希望能夠把效果擴大。在臺南市政府提倡紙錢減量與集中焚化的計畫後，很多地方政府也來效尤，甚至提供「以功代金」[5]鼓勵民眾配合這項活動。

政府單位或宮廟要改變民間傳統信仰，想必是有難度的，這個癥結點在於傳統的焚燒紙錢與燒香，基本上是透過焚燒的程序來表達人間的敬意，但問題在於集中焚化，而且還是送往環保局的垃圾焚化爐焚化，一則會讓信徒以為鬼神們如何得知哪些數量是他們的「心意」呢？民俗學家也反對減量以及集中焚化的倡導運動；二則是紙錢的減量不只少了信徒的心意，也汙衊了紙錢與香，恐怕神鬼界也難容政府的「創舉」！

這證明一件事，就是傳統信仰並非不能改變，但要完全改變信仰行為，則幾乎是不可能的事，若以私利的角度來看，政府推動紙錢減量運動，或者積極一點說，「不准」燒紙錢，恐怕會引起民眾的撻伐，因為這會戳破「功利」性這個泡泡。

陰間也有通膨？

廣義的華人世界，想必一年之內對冥界與神界「傳送」了不少金錢，但人間的各國政府有中央銀行可以統計貨幣供給，也可以控制貨幣供給來調整利率與通貨膨脹的問題，但神界與冥界可沒有中央銀行的機制，在這兩個地方會不會有通貨膨脹的問題呢？人間一年孝敬祖先與好兄弟的銀紙，在人間造成了空氣與水汙染，大量的焚燒紙錢，會不會因為我們刻意對紙錢的「量化寬鬆」，反而在陰間造成通貨膨脹的問題？

這是個把無聊當有趣的問題。

二〇一一年以來人民幣連續升值，工資連番爬升，大陸與香港的物價也高漲，媒體針對這個現象還報導連「冥界」也受影響，紙錢等祭品價格普遍大漲。

由於大陸民工薪資高漲，同時也造成沿海省分缺工，加上人民幣匯率升值的影響，香港媒體很諷刺的指出連冥幣也貶值了。香港《中通社》曾經報導，受人民幣升值影響，加上大陸內地民工短缺，香港紙錢、紙紮等用品漲幅高達四成，連祭祀用食品也漲價約兩成。香港的盂蘭節（等同臺灣鬼月），各種祭祀用品紛紛漲價，香港人的祭品消費額明顯縮水，金額由過去港幣五十元減半至港幣二、三十元。在二〇一〇年盂蘭節到紙紮店只須付港幣三元，就可買到一疊一千張、每張面值五千萬元的「冥通鈔票」，但到了二〇一一年，同樣價值的冥紙已經要花港幣四元，以「相對幣值」來論，港元對冥元當然是「貶值」了。

港幣對人民幣而言是愈來愈不值錢了，以五年匯率圖來看，當年約貶值七．八%，由此可見香港人要買中國大陸出口的紙錢，除了價格上漲外，加上匯率貶值，購買力當然愈來愈差。假定港元對人民幣持續貶值，又冥元的印製成本又相對提高甚多，可以推論未來港元會持續對冥元貶值，也就是說，港元對冥元的購買力下降很多了。

如此一來，香港會不會效法臺灣的地方政府，要大家減少焚燒紙錢，如果香港人可以有志一同的話，他們的壓力也許會降低很多，但就怕神明與祖先不悅了！

這幾年，人間的政府大力提倡量化寬鬆政策來拯救經濟，貨幣愈印愈多，造成預期的通貨膨脹心理作用（實質上各國中央銀行發現，量化寬鬆政策好像也沒引發通貨膨脹的問題），物價在短時間內一路攀升。人間量化寬鬆的操作手法，連紙錢也依樣畫葫蘆，差異在於人間的貨幣量化寬鬆政策是中央銀行發起的，但紙錢造成的陰間通貨膨脹，並不是冥界的中央銀行引起的，反而是人間刻意捐輸過去的。因此，我們會發現一件事，先撇開傳統的銀紙不說，現在華人世界很流行的冥界紙鈔，面額已經是愈印愈大，壹後頭的「零」愈印愈多。

二〇一三年的清明節，香港的《蘋果日報》就曾報導，由於人民幣升值、原物料價格與人工成本攀升，造成的物價飛漲，通貨膨脹已經蔓延到陰間，陰間也受牽連，清明節前夕，有紙紮舖推出「冥通銀行」最新的「壹萬億圓」面額冥紙。

沒聽錯吧，是壹萬億元，壹的後頭有十二個零！人間最大面額的貨幣辛巴威幣也才一百兆（十四個零），冥界貨幣也不遑多讓衝到十二個零，相差只有一百倍而已。

但問題是，辛巴威有冥紙嗎？

把問題再稍微擴大一點，冥界與人間的匯率應該怎麼算？當港幣對人民幣也才貶值不到八％，香港發行的冥幣後頭加上十幾個零，會不會造成冥界的通貨膨脹，購買力大幅下降呢？

曾有銀行界的從業人員打趣的說，人間的貨幣應該和冥幣的匯率是等值的一比一才對，不管一個人用多少貨幣買了多少紙錢燒給祖先和好兄弟，這匯率應該是一比一才對，雖然實質的貨幣不會不見，但把冥紙的面額搞得這麼大，難道陰間的祖先和好兄弟們，不會知道人間對陰間搞「量化寬鬆」的「陽謀」嗎？

宗教小辭典

傳說紙錢源自蔡倫，因為紙張銷售不佳所想出的推銷點子。蔡倫和妻子串通好假裝重病死去，蔡倫的妻子告訴鄰居，將紙張剪成銅錢狀焚燒就可以賄賂陰間鬼差，死者即可復活（這也是民間給往生者燒腳尾錢的做法）。鄰居不相信，後來蔡倫的妻子一燒紙錢，蔡倫立刻復活。蔡倫向鄰居解釋，燒給他的紙錢就是陰間的錢，鬼差向他索賄時，他將收到的錢交給鬼差，人就從陰間回來了。

註釋

1 當社會福利未達到市場機能下之最大，其差額稱為絕對損失（deadweight loss）。

2 交易成本是獲得準確市場訊息所需要的費用，以及談判和經常性契約的費用。也就是說，交易成本由信息搜尋成本、談判成本、締約成本、監督履約情況的成本、可能發生的處理違約行為的成本所構成。

3「白色浪費」指的是中國大陸在清明節期間用於祭祀焚燒的紙張費用，據中國消費者協會資訊網統計，在二〇一〇年清明節當天，全中國的「白色浪費」便高達一百多億人民幣。

4 二〇〇六年「環保署／國科會空汙防制科研合作計劃」成果報告指出：市售之環保金紙相較於竹製金紙及再生紙製金紙，其毒性物質（例如二氧化硫及氯化氫）之汙染量更大，且由於所產生之酸氣將與紙中之鹼金族，鹼土金屬反應形成硫酸鹽或氯化鹽，並在燃燒過程中與矽酸鹽類結合形成飛灰，因此其單位之汙染量甚至較一般金紙為高。臺灣地區宮廟每年燃燒金紙及拜香分別約三四九二〇公噸及四一九〇公噸以上，燃燒金紙平均產生氮氧化物（NO_x）六七·〇公噸、二氧化硫（SO_2）一·〇五公噸、一氧化碳（CO）一一五八公噸及懸浮微粒一二〇九公噸以上；每年燃燒拜香平均產生氮氧化物一四·五公噸、二氧化硫〇·八一公噸、一氧化碳一五九二公噸及懸浮微粒七一·四公噸以上。

5「以功代金」是希望民眾以做功德代替焚化紙錢的政策，焚燒的紙錢量減少，並將其減少之費用捐贈予慈善團體，幫助有需要的人，不但可以減少汙染，亦同時可做功德。

第十三章 點燈拜斗如何算價錢？

每逢經濟困頓，安太歲、改運制煞等宗教儀式就愈興盛，但捐香油錢會減少。

每年農曆年前後，各地的廟宇多會提供點燈服務，有安太歲[1]、點功名燈[2]，也有拜斗[3]。因為傳統信仰認為，人和大自然之間存在一種關係定律，安太歲就和這個定律有關。若當年犯太歲，為了避免「太歲當頭坐，無災也有禍」，就花小錢到宮廟安太歲保平安。其實這是心理因素，是寧可信其有不可信其無的心態。

只要翻一翻農民曆，我們可以知道沖、犯太歲這件事，實在太過頻繁。我觀察過，雖然太歲不會年年犯，但普遍認為「正沖」，還有「偏沖」太歲也不能馬虎，畢竟這都是一種風險，而我們理性上就有風險趨避的成分在裡頭。

犯太歲怎麼算？假定當年屬鼠，則生肖為鼠的人就是「犯太歲」，生肖為馬的人即為「沖太歲」，生肖為兔和雞者，就為「偏沖太歲」。這種關係其實很好推算，把十二生肖和手錶的十二刻度對應，「犯太歲」的對面刻度就是「沖太歲」，「犯太歲」的左右各三個刻度即為「沖太歲」，所以算起來是每十二年會「犯」一次太歲，隔三年就會「沖」到一次，這頻率真的很高。

如果沖、犯太歲就是一種倒楣的事，那麼一輩子中會遭逢倒楣的機率也未免太高了一點——每三年就會倒楣一次。舉安太歲這件事來論，也僅有傳統的道教信仰有此行為，道教以外如佛教，其信仰行為中並沒有安太歲這件事，當然，基督教和天主教更不會有，也就是說行為的產生，就是由信仰開始的。

犯太歲這件事，就是說天體運行，會對人類產生影響，但我不是科學家，這部分也超乎我的認知範圍，去論證這件事並非我的能力範圍之內。但我比較相信一件事，傳統信仰和傳統智慧應該有相通之處，犯太歲這件事，也許可以說是老祖宗們要我們行事要低調，居安思危，重視到處存在的危險與危機。但犯太歲也十二年才警示一次，週期過長，弄出個偏沖太歲的說法，每三年一次的頻率似乎也符合一種警示做法，透過不可知的神明力量，對信徒耳提面命一下，保有一點危機意識呢？

安太歲的行為沒有因進入網路時代而改變，只是方式不同了，有了網路就不會親自跑到宮廟安太歲。過去宗教信仰重視過程，現在則重視結果。這種結果論是買賣關係，好像付錢買保險一樣。這個機制裡頭有被保險人，就是信徒，保險人就是神明，代理人就是宮廟，儼然是一個保險市場，而且因為市場競爭者（代理人）多，以致於保費（安太歲的費用）不高。

既然求平安是心理需求，又如何將之外顯呢？答案是價格。透過價格來表達內心求平安的需求，需求愈高價格愈貴，依此可以導出，信徒求平安的經濟現象其實是被剝削的，這是經濟學上所說的價格歧視。

祈福也有市場價格？

宮廟都可以滿足信徒求平安、求健康、求事業和求學業的需求，那麼宮廟的訂價是要讓信徒隨意，還是有個公開價錢比較好？假定宮廟間不競爭，訂高價是符合價格理論，但宮廟間的競爭大，訂太高價格會失去信徒，除非提供獨特的服務，才有訂高價的基礎。但安太歲和點平安燈或功名燈，是屬於普遍性的服務，所以價格公開且統一。

這樣看來，宮廟的點燈祈福服務趨向於是個「完全競爭市場」[4]，剩下的就是「不完全競爭」中的獨佔性競爭[5]市場，在此市場的宮廟可能提供不一樣的服務，價格就具有多樣性。

但若是宮廟採取價格隨喜呢？信徒到底要怎麼付費？照理，所謂的隨喜付費就是誠實付費，也就是說，信徒要按照心頭願意支付的最高價格付費，但這就是完全剝削的第一級價格歧視。比較可能的訂價方式是，宮廟按照信徒需求的高低訂出參考訂價，需求高一點，價格貴一點，需求低一點，價格就便宜一些。

比如安太歲是按人頭計算，就貴了一些，價格大約是五百元到一千元，而平安燈是按戶計算，就便宜許多，點功名燈的價錢也不會太差，若是在文昌廟或文武廟，因為有神明加持，和安太歲的價錢不相上下。

既然祈福有市場價格，會不會有均衡價格呢？我認為應該有，要是沒有均衡價格，即使神靈效果一樣，信徒還是會跑到比較便宜的宮廟，但不表示香火旺盛的宮廟祈福費用比較貴，要是信眾認為香火旺的宮廟一定比較靈驗，即使價格較貴也會接受。

譬如鹿港天后宮曾經和網購業者合作，推出網路安太歲、姻緣簿點燈、開運點燈、金榜點燈和招財點燈，各收費六百元，但闔家財運燈收費八千元，闔家平安燈收費三千元，兩者都可以一次登記八人，算是比較高檔的產品。這個訂價方案合乎上述的價格理論，安太歲的價格具有競爭性，所以和大部分宮廟價格差不多，至於闔家財運燈和闔家平安燈，收貴一點是合理的，家裡人口多，買這個服務就比較划算。此外，利用網路是宮廟新型態做法，不但可以跨越地理與時差界線，在國際間行銷宮廟，也可以區隔不同世代的信徒。

不同斗燈價格表

斗燈別	功德金
老母首	兩萬元
玄玄上人首	兩萬元
玉皇大天尊首	兩萬元

斗燈別	功德金
金公祖師首	一萬元
彌勒祖師首	一萬元
關聖帝君首	一萬元
斗父首	一萬元
斗母首	一萬元
三清道祖首	一萬元

斗燈別	功德金
太上老君首	五千元
玄天上帝首	五千元
孚佑帝君首	五千元
神農大帝首	五千元
天官大帝首	五千元
地官大帝首	五千元
水官大帝首	五千元
保生大帝首	五千元
太陽星君首	五千元

斗燈別	功德金
太陰娘娘首	五千元
地藏王菩薩首	五千元
觀音大士首	五千元
驪山老母首	五千元
地母至尊首	五千元
張天師首	五千元
王天君首	五千元
南極仙翁首	五千元

斗燈別	功德金
張仙大帝首	三千元
註生娘娘首	三千元
東斗主算護命星君首	三千元
西斗記名護身星君首	三千元
南斗六司延壽星君首	三千元
北斗本命延生星君首	三千元
中斗大魁保命星君首	三千元
濟公活佛首	三千元
天上聖母首	三千元

斗燈別
孔聖夫子首
關平太子首
周大將軍首
陳奶夫人首

功德金	三千元	三千元	三千元	三千元					
斗燈別	華陀仙翁首	文昌帝君首	太歲星君首	福德正神首	五路財神首	福祿延壽首	月老尊神首		
功德金	兩千元	兩千元	兩千元	兩千元	兩千元	兩千元	兩千元		

資料來源：臺中市慈德慈惠堂

點燈的黑市價

母親會到廟裡幫我點平安燈，但我不會向她說別再去廟裡繳「保險費」、「保護費」了，因為對傳統信仰的人而言，這樣說是犯了忌諱。若以經濟學角度，神明向信徒提供保幸福、保平安這件事應該有資源限制才對。當資源有限，需求無限時，就會出現黑市價格，其實經濟學並不反對黑市，只是主張把資源分配給需求最高的人。因此，早起的鳥兒需求高，當然容易取得資源，若不願意當早鳥的人，得知黑市價格不高於他的機會成本，這時他就可能選擇找黃牛交易。

譬如香火鼎盛的臺北龍山寺，在二〇一三年點燈號碼牌的黃牛價，最高可以賣到兩萬五千元。後來龍山寺考慮要取消大燈，降低排隊與黃牛的問題，但這無法解決問題，

因問題不在供給方，而是在需求方。我認為龍山寺的燈位並非無限量供應，所以需求量超過供給量，就會出現這個問題。

一張號碼牌黃牛價四千元，最高兩萬五千元，這樣貴嗎？以臺灣上班族平均薪資約五萬三千元計算，每天工作八小時，每月工作二十二天，平均時薪約三百元，而黑市交易四千元，排隊約花了十三．三三小時。排隊一天的機會成本是兩千四百元，兩天是四千八百元，三天是七千兩百元，排對到第四天的機會成本是九千六百元。如果是你，願意親自排隊嗎？簡單說，當信眾發現排隊要超過兩天，他寧可花錢進行黑市交易。但這樣的計算有點籠統，因為點燈祈福在信眾心中的價值高於價格。

黑市的存在是一種經濟現象，有錢人可以花錢請人排隊或買黃牛票，因為機會成本高，如此一來，就會衍生出愈有錢的人愈容易得到神明的眷顧，那麼沒錢的信徒怎麼辦？

大多數人認為，當經濟不景氣時，對於宗教捐獻應該會降低。這種說法沒錯，但並非是普遍現象。林茂賢副教授認為，景氣愈蕭條，人們愈會尋求宗教慰藉。他觀察發現，每逢經濟困頓，安太歲、改運制煞等宗教儀式就愈興盛，但捐香油錢會減少。

因此，我們很容易從宮廟的點燈祈福收益中看到當年經濟的走向，如果收益愈高，是不是代表大家都不看好未來景氣呢？全臺灣的宮廟為數不少，點一盞光明燈或太歲燈以五百元計價的話，每年農曆年前後宮廟的現金流應該是很驚人的，這種庶民經濟是政府施政的重要參考指標。

經濟學小辭典

均衡價格（equilibrium price）：是指需求曲線和商品供給曲線相交時的價格。如果市場的價格高於均衡價格，市場就會出現超量供給，使得市場的價格下滑；相反的，假使市場的價格低於均衡價格，市場就會出現超量的需求，導致市場的價格上揚，直至出現均衡價格。

宗教小辭典

拜斗：在道教禮儀中，「斗」就是人的本命元辰，禮斗就是朝拜自己的本命元辰，而使自身之元辰光彩，達到消災趨福，祈求平安之目的。斗內所安置之法器，所代表之意義：

斗：代表宇宙（天圓地方因此斗代表天乃作圓形）

米：代表萬星（宇宙佈滿萬星）

尺：代表青龍（屬木，位東方）

秤：代表白虎（屬金，位西方）

剪刀：代表朱雀（屬火，位南方）

鏡子：代表玄武（屬水，位北方）

斗火：代表人之本命元辰。

上述尺、秤、剪刀及鏡子代表天之四靈，乃為上蒼衡量自身福份之多寡，據予剪掉業障，斬斷厄運、災禍，而得以照耀自性元靈之光明。

註釋

1 太歲名稱由來得追溯到宋代，由宗教和命理、占卜相結合所引申出的一個名詞，是用十二生肖搭配五行而組成六十甲子為年干支的循環，將太歲的名稱與十二生肖（地支）作為流年的代名詞。太歲是天上當值的神祇。人間有災難禍劫，上蒼秉其慈悲聖意，都會特派天神來護衛保佑，一年輪值一位天神。而安太歲乃流傳於民間信仰的禮儀。值年太歲專責司察人間善惡，並記錄每人所做善惡行為，因太歲為一凶神，故俗說「太歲當頭座，無喜必有禍。」所以當年生相「正沖」值年太歲者，當年行事較為不順，宜安奉太歲以求化險為夷。（資料來源：

臺灣大百科）

2 功名燈與光明燈的關係，按潮州東隆宮的解釋，早年中國社會階層以士農工商顯現各行各業階層。尤以「士」為人人慕名追求之地位，又「士」是追求功名，功名與臺語「光明」諧音，故點光明燈亦等於點功名燈。另有一說，古代的私塾從春節前放寒假之後，一定要到正月十五日才開學，在開學之日，每個學生均需帶一盞精美的燈籠，到私塾請老師替他點燃起來，此一點燃的儀式稱之為點燈，它象徵給被點燃者帶來光明的前程，後人為求取功名或仕途晉升，在廟裡點燈祈求自己前途光明或求得功名，此為光明燈與功名燈同音不同字之處，但就祈求者所祈心意而言，是殊途同歸。（資料來源：潮州東隆宮部落格）

3 拜斗是道教獨有一種為人消災解厄、祈福延壽之科儀，參加拜斗就是朝拜自己的本命元辰，可使元辰光彩，祛災趨福，祈求平安。拜斗是一種極為神聖且玄奧之儀式，需延請高功法師主持，俗云「步罡踏斗」即喻拜斗。拜斗時需準備六項物品：斗、米、尺、秤、刀、鏡子，以上六項就是代表宇宙、萬星、青龍、白虎、朱雀、玄武。（資料來源：臺灣大百科全書）

4 經濟學認為，當一個市場的廠商數量很多，且交易雙方的訊息是充分的，廠商可以自由移動與進出，產品具有同質性，個別產商無法改變市場價格，是個價格接受者，這個市場就稱之為「完全競爭市場」。

5 經濟學認為，獨佔性競爭市場有眾多競爭廠商，這些競爭廠商長時間內可以決定進出市場，而且每個廠商可以提供諸多異質產品。

第十四章

我的香油錢是否能列舉捐贈扣除額呢？

國稅局所提的對價關係，到底是信徒與宮廟執事人員之間的對價關係，還是信徒與神明之間的對價關係呢？

每年申報所得稅時，納稅人都有個疑問，對宮廟捐獻的香油錢能否當作列舉扣除呢？換個方式問，買樂透彩的開支，報稅時可不可以當作列舉扣除呢？大家一定認為不行。事實也是如此，包括安太歲、點功名燈、拜斗、收驚，這些開支都不能當作報稅列舉扣除。

人鬼神的對價關係

所得稅法規定，所謂捐贈是指對教育、文化、公益、慈善機構或團體的捐贈，對廟宇等非營利單位捐贈的香油錢並不能適用。認定方式與信徒的需求與宮廟是否提供對價服務有關。但這種定義會讓人疑惑，既然宮廟是非營利單位，又如何提供對價服務？若有對價服務，到底是來自宮廟還是神明？

所得稅法並沒有規範，宮廟不能提供收費的服務，而且宮廟的所得盈餘，也不列入所得進行課稅。但非營利事業的宮廟，到底有沒有營利行為呢？有些宮廟經營收費的住宿服務，其設備和一般飯店其實已經沒有兩樣，這算不算營利呢？若排除這些比較有爭議的項目，僅針對宗教服務這個項目討論，如提供信徒改運、求財、祈福，當中產生的收益說是非營利，邏輯上很難說得過去。因此，宮廟只要提供信眾服務，而信眾也因此付費，即構成對價服務。

什麼是對價？就是一方為換取另一方做某事的承諾，而向另一方支付的金錢代價，從法律上看，是一種等價有償的允諾關係。從對價的含意來看，只要信徒以一定的金額，取得宮廟的宗教服務，就是一種對價關係，只是這種對價關係究竟是神明與信徒之間的契約，或單純只是宮廟本身所提供的服務，根本與神明無涉？這就很難認定了。因為宮廟的宗教執事人員，可以說是神明在人間的代理人，但事實上，神明是否有委任某個宮廟的執事人員，這畢竟是模糊的。

從宮廟所提供的宗教服務來看，之間並沒有契約，也沒有任何內容與結果的保證，萬一信徒認為這個宗教服務並沒有如預期達到對等的目的，就沒有任何保障可言了，此時信徒會不會向宮廟或神明抗議呢？當然有可能。這如同一般消費的認知失調一樣，事前的期待和事後的結果要是不對稱的話，認知失調的結果，信徒可能會出現不理性的破壞行為，這些案例在臺灣並不新鮮。

過去六合彩盛行的年代，經常會出現流浪或被破壞的神像，這代表信徒將利與金錢的需求寄託於神明的指示，而且也付出祭品、香油錢與紙錢後卻事與願違，就會產生認

知失調。不管是否信徒的需求與金錢掛勾，這當中有個弔詭之處，就是信徒一開始似乎不會去質疑這些宗教服務的內容，或者去質疑這個過程是否能夠被無誤的執行。

這在邏輯上是很有問題的，也就是說，神明如何照料芸芸眾生的不同需求，這等神明服務的邊際成本相當高，即使可以被量化一致性的服務，譬如安太歲，等有經濟規模之後，邊際成本才可能趨近於零，但重點在於信徒怎麼去驗證？一般民眾對於對價的服務，會依照契約要求對方提供服務或商品，但如何驗證宮廟或神明確實有履約呢？因為若是信徒提出質疑，就是對宮廟或神明的不敬。

我們必須承認，人與神之間充滿資訊不對稱。信徒會去打聽哪一間宮廟的靈力較強，這從宮廟的香火旺不旺就可以略知一二。在商業行銷上，也常運用這種香火效應，只要能夠製造排隊現象，自然就會吸引消費者以為商家的產品一定有什麼吸引人之處，接下來就會出現消費的衝動，這就是從眾效應。

在經濟學上，生產與服務要達到規模經濟就是壓低成本，但邊際成本降低會讓價格提高，這樣會提高邊際收益嗎？所謂的香火效應就是寡佔或獨佔，只要對消費者（信徒）產生寡佔或獨佔效果，他們就會被予取予求，這就是價格歧視和剩餘被剝削。

無所求就可以扣除？

回到所得稅的問題，依照國稅局解釋：「辦理綜合所稅結算申報時，可全額列報為捐贈列舉扣除；對依法設立教育、文化、公益、慈善機關或團體之捐贈，也可於綜合所得總額二〇%之限額內列報捐贈扣除。對宮廟捐贈為例，民眾對宮廟捐贈，必須注意該宮廟是否為依法向內政部、省（市）、縣（市）政府立案登記之宮廟、宗教社會團體及宗教財團法人，若非屬合法登記之宮廟或係支付塔位、光明燈等有對價之給付，依法均不得列報綜合所得稅捐贈扣除額。」

國稅局的說法可以清楚得到兩個定義：

（一）只要是向沒有登記的宮廟進行捐贈，無論是否有對價行為，均不得列舉扣除。

（二）是否可以列舉扣除，須視是否提供對價服務。

至於國稅局提到的對價服務的定義是什麼？白話一點說就是買賣行為的關係，國稅局的解釋其實已經暗含宮廟所經營的宗教服務，就是一種買賣關係，只是這個買賣關係

在非營利的框架之下罷了。

這裡細分為兩種捐贈模式。一種有對價，另一種無對價，只要是無謂對價關係的捐贈，皆可列舉扣除，列舉限額為所得的二〇％。對宮廟的捐贈，用這樣二分法實在有意思，但我也沒見到稅務機關或學者專家，對於捐贈的定義更詳細解釋。坦白說，很多事情說穿了是因為有忌諱，宗教信仰行為是相當敏感的，禁忌也相當多，國稅局的定義就僅能如此交代了。

從二分法來看，什麼叫做「無所求的捐贈」呢？我認為這其中相當模糊。按宗教經濟學的解釋，宗教與信仰行為是一種消費行為，供需自成市場，信徒取得效用滿足，但也必須付出代價。因此，「無所求」這件事代表「無需求」，其實也不用得到回報與報償，但如果信徒的行為仍是服膺效用極大與自利的話，在這個前提之下，「無所求」這件事照理是不存在的。

按理，信徒追求效用極大，不管信仰的行為如何一定是有所求，不管是實物與金錢的投入，或者是時間與精神的投入，諸多行為皆是有所求，求幸福、求健康、保平安、祈安寧等行為皆是有所求。

宗教和哲學上常講「空」與「無」這種概念，但這種概念在功利主義下很難成立，正因為經濟學假定人是理性的（事實上並非完全如此），因此，「無所求」這種概念，就必須讓其效用為零才辦得到，想必一般人也無法到此境界。

稅務機關認為，只要是信徒的捐贈是無所求，捐贈就可以視為列舉扣除的條件，但嚴格來論，是否是無所求，應該要提出舉證才對。信徒要舉證，當初的捐贈真的是無所求，或者是稅務機關舉證，信徒的捐贈不算無所求才對，如此，光是一個課稅的動作就會變成是哲學上的大辯論。

因此，心有所求的捐贈，當然是有價關係，只是去監督這種對價關係是否存在著實很難，監督成本也太高，也無從去監督。譬如，信徒某某向神明祈求事業順利、平安健康，而捐贈一筆香油錢，這當然有對價關係。只是說，這種對價關係，或者是神明提供某種形式的服務，除了信徒本身知道外，只有天知地知，國稅局並無法舉證這當中存在某種看不見的對價服務，也就很難規定納稅人（信眾）不得將此筆費用列為捐贈。

同樣的，國稅局不能也無法要求信眾到廟裡向神明發誓，真的沒有向神明祈求什麼，也無法要求神明作證，信徒真的沒有提出需求。因此，宮廟所提供的無形宗教服務，即使存在對價關係，也因為無實體的消費，只好充作捐贈罷了。

我倒是認為，國稅局應該先取得宮廟宗教服務的項目，而且採取表列的方式，只要

信徒取得宮廟所提供的服務就算是對價服務，譬如點平安燈、安太歲等祈福行為，因為信徒已取得宮廟提供的服務，對價關係就成立，即使取得憑證，一樣視同非捐贈。據此，中介物（點燈）的取得即是消費，即使沒有中介物，例如作法改運，一樣是由宮廟的執事人員代神明提供服務，也一樣視同非捐贈。

於是可以歸納出非捐贈的行為，即是透過宮廟執事人員所提供的服務，就非捐贈。但這樣會衍生一個更有趣的定論：消費！因為神明無法直接提供服務，宮廟執事人員即變成神明的代理人，間接提供神明的服務，所以只要是透過執事人員提供的服務，國稅局應該就要認定是有對價關係。但反過來說，信徒還願，例如辦野臺戲與乞龜還願，可否認定為捐贈呢？

關於這點，國稅局認為還願、許願酬神演戲等捐贈，和安太歲及點光明燈一樣，都不得列舉扣除。國稅局的認定標準在於宮廟是否提供有形的服務，以及信徒的捐獻行為是否有「返還得利」的動作。但後者還是有漏洞，譬如信徒的還願可以用香油錢方式交給宮廟，宮廟再開立收據給信徒，事後宮廟則以信徒的名義還願（不管是乞龜或辦野臺戲），只要轉變捐贈金錢的流向，這筆捐贈的錢就可以名正言順的變成一般捐贈，信徒當然可以合法避稅了。

但我好奇的是，國稅局所提的對價關係，到底是信徒與宮廟執事人員之間的對價關係，還是信徒與神明之間的對價關係呢？國稅局認為，是信徒與宮廟執事人員之間的對價關係。但信徒可不這樣想，因為宮廟執事人員僅僅是神明在人間的代理人，全然不具神力，所以對價關係應該是信徒與神明之間才對。

從課稅的交易成本來看，要信徒和國稅局去認定「心無所求」的成本太高，轉而採取與執事人員提供的服務認定為對價關係，從交易成本上觀之，當然就小很多。但信徒也很聰明，會請宮廟開具一般捐贈收據。在競爭的宗教市場，宮廟以這種方式幫助信徒節稅有何不可？

宗教小辭典

香油錢：又稱香火錢、香紙錢、添油香、添香油，在臺灣俗稱寄付、寄付金，在日本稱賽錢。民間習俗認為，古時廟中神龕的油燈會在夜裡帶來光明，因此要維繫神龕前的油燈不滅，而添油和添香就由信徒捐獻的金錢來達成，於是就有添油香的說法。

第十五章

國運籤求經濟，準不準？

宮廟搶信眾與香火，媒體搶觀眾，政治人物搶票源，就必須借助外力達到這樣的目的，行銷與公關只是工具，國運籤只是藉口罷了。

我不喜歡算命也沒算過命，因為以目前的科學水準都無法準確預期未來要發生的事，又如何透過算命攤或求神問卜就可以求福避禍呢？但有些人就是喜歡求神問卜，運勢不佳或心有罣礙就找神明諮商，聽聽神明有何指示、指點迷津。同樣的，政治人物也喜歡請神明指點迷津，這樣可以拉近和信徒的距離，也可以尋求神明的背書保證，其實這些動機都是自利的。

求國運籤也是一樣道理。很多政客與宮廟喜歡在大年初一、初四，爭相開出當年的國運籤，媒體也紛紛報導解籤的內容，但擲筊問經濟我是不能接受的，而籤詩的內容必也相當籠統或穿鑿附會。我認為求國運籤只是宮廟假借靈力效果的宣傳，畢竟宮廟也要行銷才有信眾與香火，更有媒體曝光度。宮廟和政治人物曝了光，媒體有了新聞，大家各有圖，對於是否關心國運根本不重要了。

宗教、媒體與政治也是市場，宮廟搶信眾與香火，媒體搶觀眾，政治人物搶票源，就必須借助外力達到這樣的目的，行銷與公關只是工具，國運籤只是藉口罷了。

是福不是禍，是禍躲不過？

以二〇一三年大年初四為例，各地開出的國運籤內容不一，但大致上中南部的廟宇是趨吉，北部廟宇開出的籤趨凶，到底是吉是凶，讓人好生納悶，難道天庭諸神意見不一？還是求籤者心不誠，則不靈呢？抑或解籤者道行不深，誤解神明的訊息呢？

臺南南鯤鯓代天府在大年初一抽出第七支丁亥籤「楊文廣征南閩」，籤詩曰：「月出光輝四海明，前途祿位見太平，浮雲掃盡終無事，可保禍患不臨身。」廟方認為是屬中上籤，預測國運當年下半年可漸入佳境。然而事實上當年的經濟成長預測值，在第二季前被腰斬，後半年也不穩，難不成這籤詩解的不準？

「楊文廣征南閩」是從章回小說《平閩十八洞》來的，內容是說宋朝福建閩王藍鳳高統領十八洞，這些洞主均是妖精且法術高強，所以閩王有靠山敢對朝廷造反，無視於宋朝。宋仁宗皇帝聞訊之後就指派楊文廣率楊家軍南征，最後勝利班師回朝。

我也試著解籤：二〇一三年必有個「楊文廣」，橫在臺灣眼前的也必有所謂的「閩王」，可以將之解讀為經濟環境不佳，所以看起來這支籤可謂是先凶後吉，籤詩的內容可謂是最後的結果。但到底何者是籤詩中的楊文廣？還必須有楊家軍，但楊文廣也許說

的是某個人或是某個關鍵，評估該年是否能夠撥雲見日「月出光輝四海明」，最終可以「浮雲掃盡終無事」。

年初四接神日，嘉義奉天宮擲出聖筊，國運籤詩為丙申第十七籤，籤詩內容為：「舊恨重重未改為，家中禍患不臨身，需當謹防宜作福，龍蛇交會得和合。」為中下籤。廟方解籤表示當年是景氣及國運關鍵的一年，所以不論是政府還是民間都必須收斂、檢討，才能走向康莊大道。我倒是認為，這籤詩解得非常中庸合宜，因為政府與民間本來就應該檢討收斂。

從奉天宮籤詩最末句「龍蛇交會得和合」來看，龍年和蛇年是一個轉捩點，在此之前必須謹慎小心。把籤詩翻譯成白話文，大意上是講過去的錯誤與困境所帶來的傷害，至今仍未消除，還是要慎防禍事發生在自己身上，要多做好事為自己造福，這樣可以提防災禍發生，關鍵的時間應該是在龍年與蛇年之間。

這支丙申籤有「薛公大鬧花燈跌死太子驚死聖駕」的典故，這個薛公指的是薛丁山的兒子薛剛。薛剛求得母親樊梨花的同意，要到西遼白虎關探望姑姑薛金蓮和姑丈杜一虎，但薛丁山擔心薛剛勇武過人且太過任性，喝酒就會鬧事，於是交代薛剛在外頭不准喝酒，同時要薛剛當面發毒誓，要是喝酒就全家命喪。後來薛剛還是喝酒鬧事，不慎在市集打死唐高宗的義子張保（宰相之子），薛剛則在解送法場時被劫囚救出。故事的結局是高宗駕崩，中宗繼承皇位，宰相擁武后登基，因餘恨未消，將薛家一家三百多口全都殺害，還下旨鑄成鐵坵墳，讓薛家永世不能翻身。武則天晚年，薛剛從漢陽接回太子李旦復國，繼承大統，這才打開鐵坵墳，重建王府。

這首籤詩典故中有任性誤大事導致被滅門抄家的薛剛，歷任兩位昏庸的皇帝唐高宗與唐中宗，以及繼任的唐睿宗（李旦）。前兩位皇帝可謂是昏庸，但是正史上睿宗也沒好到哪去，唐朝直到玄宗李隆基即位後才開啟唐朝的盛世，這段歷史亂了六十幾年。若放到現代，依這籤詩的典故也不用穿鑿附會配對人物，但重點在於這幾年，橫在眼前的國際局勢難解，臺灣可否雲開見天？看來還「需當謹防宜作福」。

神意難解

二〇一四年大甲鎮瀾宮求出的四季籤（國運籤），其中人口籤標題是「孫悟空大難火災」，光看標題就很聳動，內容有令人怵目驚心的詩文：「前途功名未得意，只恐命內有交加。兩家必定防損失，勸君且退莫咨嗟。」籤詩解說，生育與疾病皆為凶，求財

為空，問婚姻不可，運勢坎坷，失物難尋，一般解讀為下籤凶象，但宮方仍解讀為中籤。

這籤詩對《西遊記》熟悉的人一定很清楚，指的是孫悟空大鬧天庭前後的故事。孫悟空從弼馬溫晉升為齊天大聖時得意沖昏了頭，不僅大啖王母娘娘的蟠桃，又把太上老君葫蘆的金丹吃得一乾二淨後逃回花果山，但終被李老君逮捕歸案，押解回天庭，後被押到斬妖臺，但因金剛不壞之身，刀斧都不能傷他分毫，李老君只好把孫悟空關進八卦爐，用三昧真火燒七七四十九天，希望可以把孫悟空化為灰燼。然事與願違，四十九天後孫悟空不但沒被化為灰燼，反而練成火眼金睛，再一路大鬧天庭打到靈霄寶殿，最後敗在如來佛祖的手掌心。

從這籤詩與典故看起來結果是失敗的，也就是不管當事人求的是什麼，結果是不如預期的，而最後一句「勸君且退莫咨嗟」可能是重點，講的就是孫悟空從弼馬溫到逃不過如來佛手掌心的故事情節，最終只是欲求過度而已。現在回想，二〇一四年七月到八月的確發生一些人禍，而這又跟「火」有關，「勸君且退莫咨嗟」這末句，難不成意有所指？好事者以事後諸葛的角度而言，就耐人尋味了。

籤詩怎麼解，還是看求籤者的「求」，來去「應」，解籤者是依據求籤者所提供的訊息，依著籤詩提出解釋，畢竟神明的旨意（訊息）難測，而信徒在情勢無法明朗或心中有所疑義無法找出適當解答時，祈求神意的降臨，用解籤方式來試圖找出答案或解決方案，想必也是人之常情。有個參考依據，總比什麼都沒有，當隻無頭蒼蠅好許多。

國運籤的解釋見仁見智，但如果神明是萬能的，理應知道過去與未來，祂的答案應該只有唯一一個，如果神意透過人間的代理人來解籤，且沒有扭曲訊息的話，照理神意也應該是唯一的，是吉是凶，也毋須我等如此穿鑿附會，徒增戲劇效果了。

二〇一四年中後，不管是政府還是民間的經濟分析報告，都指當年的經濟成長率可以衝破三%，二〇一五年也看好。這國運籤是不是失了準頭，還是求錯籤、解錯籤了呢？

宗教小辭典

臺南南鯤鯓代天府：是臺灣最具規模的廟宇建築之一，也是最有歷史的五府千歲宮廟，被尊稱為臺灣王爺總廟，為二級古蹟，建廟歷史超過三百年。

第十六章 廟公是個好職業嗎？

只要經濟景氣與就業出現瓶頸，搶當廟公已經不是什麼新鮮事了。

某宮廟最近登廣告徵求一名廟公，月薪兩萬元，短短三天約兩百人詢問，四十餘人去應徵，求職者有大專學歷、退休郵局局長、講師、曾任公司負責人。

廟公要住在廟裡，每個月只放一天假，工作時間為每天下午三時至翌日上午九時，清晨五時要開廟門，晚上十點半關廟門。算一下，廟公一天的工作時數是十八個小時，如果按勞基法，月工作時數早就超標了，廟公算是一種血汗職業嗎？

廟公要有十八般武藝

小時候常聽大人開玩笑，說失業時可以去當廟公，然而這種說法意味著只有在無計可施時，再考慮去廟裡當廟公，貶抑的味道相當濃厚。印象中我沒見過年輕的廟公，普遍上廟公都是上了年紀的人，主要是需要長年住在廟裡，待遇無法讓人眼睛一亮，當然很難讓年輕人願意投入這個工作。但在經濟不景氣時，到廟裡當廟公也是不錯的選擇，大型廟宇給的福利有時不輸一般企業，還能學到宗教禮儀、典故，與活動企畫。這年代到廟裡求職，還滿炫的。

過去，廟公通常是老一輩的街坊鄰居擔任，但現在宮廟會在網站公告，或在人力銀行公開徵才，一切福利制度相當透明。但現在當廟公一點也不輕鬆，一則宮廟太多，競爭者眾；二則大環境不好，失業者多，廟公也要有競爭力才行。其實現代廟公任務繁重，不僅要背負香油錢業績，還得促銷宮廟提供的宗教服務。

臺灣有登記的廟宇約六千六百間，以一間廟一個廟公計算，想當廟公的機會其實不多。以上述宮廟開出的待遇與工作時數計算，折合時薪約四十三元，只有政府規定最低時薪一百二十元的三六%。薪資這麼低，但還是吸引很多求職者，這到底出了什麼問題？我不太相信這些求職者是因為宗教熱忱而不顧代價，我比較在意的是這些求職者的機會成本怎會如此低？

在臺灣工作難找，實質薪資也連年下降。大學生的平均起薪落後二十年，這代表臺灣的產業結構與勞工政策出了大問題。大學畢業生找不到工作，去廟裡當廟公如何？其實這是一個相當特殊的行業，在過去廟公都是義務職，即使有薪資也約在一萬八千元上下，這薪水要養家活口恐怕很難。此外，廟公的工作是掌管一廟的香火，大小事都要做。說廟公是宮廟的執行長也不為過，只是小宮廟的廟公得兼撞鐘。

廟公的另一項工作是扮演神明與信徒的中間人，還必須精準傳達神意。中華道教玄學研究協會網站資料顯示宮主、廟公應有的能力：應有正確的宗教信仰觀念，要懂得基

本的祭拜禮儀、對各神佛要有基本的認識。當信徒來問事，要有能力立即為信徒解疑，譬如有孩童受到驚嚇，要有收驚的本領。有人被沖犯到，要能判斷出何原因，譬如經詢問或觀察眼睛是否有紅絲，耳根或印堂是否浮現青筋，或以米卦等方法來判斷再對症處理。還要有解籤詩的能力，熟知籤詩上的歷史典故、瞭解籤詩的寓意。最好懂得「手卦—掐指神算」、簡易卦，能馬上為信徒斷吉凶。最好還要習得風水、擇日、姓名學、紫微、八字和易卦等學問，還有學會神明開光、制送白虎、天狗、五鬼、官符、病符、喪門、安太歲等十二太歲運訣。由此可見，當廟公不是一件輕鬆的差事。

在網路上有幾則徵廟公的告示，其中一則提到：

要身體健康，退休者優先，無家累、需住本宮，初中、國中畢業，能通國、臺語，需識字能寫能聽，請先將履歷表送至本宮並等候通知。

另一則在徵廟母：

惟宮威名四海，廟務浩繁，誠徵廟母一職，掌理廟公食、衣、住、行、娛樂，以佐廟公治宮。

這年頭不僅有廟公，連廟母都有，還要輔佐廟公治廟兼管廟公的食衣住行娛樂，可見有些大宮廟的廟公分身乏術，還得有個特助來幫忙。

廟公、廟母有人搶著當，問題是如何能勝出呢？因為這工作是當神明的人間代理人，自然要經過神明的「面試」才能決定錄取與否，而最公平的方式就是擲筊決定。

千人搶當廟公

小宮廟對有薪職的工作人員要求不高，但財團式的大型宮廟要求就滿高的，譬如臺北行天宮某次徵才，要徵二十名解籤人員，學歷要大學以上，薪水最高四萬元。開放報名一個多星期湧進近千封履歷表，其中還有博士學位的應徵者，錄取率僅百分之二。

當時行天宮的需求是：

大專以上學歷畢業者。對宗教濟世，人文關懷及社會關懷有高度及持續之熱忱者。

熟Office軟體者。對儒道思想及文史有濃厚興趣或有研究者佳。行為端正有禮、具社會歷練、行事主動積極、願虛心學習、有獨立判斷能力及管理經驗者。另有水電及園藝專長者尤佳。

行天宮穿著藍色道袍的工作人員是行天宮的正職員工，月薪從三萬元起跳，加上加班費，一個月最多可以領到四萬，還有三節禮金，以及一個半月到兩個月的年終，薪水優渥穩定，不過想要求得行天宮的鐵飯碗可不容易。

除了宗教服務人員之外，行天宮也曾公開招聘高階經營主管：

> 大學、研究所以上學歷，十年以上工作經歷。認同行天宮推行五倫八德、濟世助人之宗旨，並對行天宮推行之宗教、文化、教育、醫療、慈善五大公益志業有熱忱者。具醫療機構經營管理企劃經驗者尤佳。具獨立完成行天宮各志業之專案規劃，推動及執行能力者。良好溝通、協調及行政管理能力。熟悉成本及管理會計佳。文書能力佳。

行天宮的徵才方式，初步篩選後還要做家庭訪問。若是解籤員，必須通過詳細的身家調查，還要會說臺語、輪早晚班，最好會經典翻譯。

大甲鎮瀾宮也曾公開徵選廟公，除了有年終獎金，三節獎金、國內外旅遊、員工餐廳也都應有盡有，月薪更高達五萬元到六萬五千元，算是待遇相當不錯的廟公。但鎮瀾宮為一大型觀光廟宇，經常有國外觀光客會參訪，未來的廟公可能還得具備多語能力，才能夠正確詮釋民間信仰。

看來，廟公的工作分成兩種路線，大型廟宇走的是專業路線，廟公要多才多藝，待遇不差。小型廟宇走的是傳統路線，待遇不高，但要求同樣也不高。但不變的是，只要經濟景氣與就業出現瓶頸，搶當廟公已經不是什麼新鮮事了。

宗教小辭典

傳說漢朝就有籤詩，之後道教廣泛使用。依照九世紀《玉壺清話》的記錄，當時已將籤詩擴大解釋預言，譬如有名的「推背圖」。現在通行的籤詩可分為雷雨師一百籤、六十甲子籤、觀音一百籤和觀音二十八籤。據說，宮廟的籤詩大部分是神明扶鸞下降開示而得，都是超過百年、千年，又以雷雨師百籤最常見。籤詩也傳到日本，神社裡的籤文大多是漢詩或和歌。

第十七章 苦民所苦的財神爺

向土地公借金真的容易發財嗎？錢母真的能夠錢滾錢？

「田頭田尾土地公」是臺灣人對於土地公數量之多的形容，土地公廟到底有多少，並沒有官方統計數字，但我們可以在山邊、海邊、田邊、河邊，甚至住家看見土地公神像。

民間信仰的神祇各有職司，各有不同的功能，功能愈強神格愈高，靈力也愈大。土地公又稱福德正神，是城隍爺下面的一個小官，管轄範圍只包括一山、一里、一巷和一屋之事，雖然權限小但對民間生活的影響相當重要。其功能有如灶神，與百姓的生活相當親近，但現在灶神的社會功能已經式微，而福德正神的功能卻日益強大。當然，這和功利的信仰行為絕對有關。

有求必應的土地公

福德正神是任勞任怨的神祇，又像是和藹可親的長者，民間大小事都想請祂解決，百姓賦予祂的角色很多元，已超出祂本職管轄的範圍，依照管理學的公平理論，一位員工的工作投入會和其取得的報酬有關，假使工作所付出的成本遠高於其取得的報酬，員工基於理性原則，會減少其投入或是產出，直到獲得等同的報酬。依此來看土地公的工作，投入和報酬相當不對等，但也沒聽過土地公抗議，信眾也沒擔心過土地公會不會過勞了。

在臺灣各族群，以客家聚落祭拜土地公最多，尤其桃園市是密度最高的地方，大大小小土地公廟超過三百一十間，佔全部宮廟數的六九%。對客家人而言，土地公就像是家中長輩般親近，所以稱土地公為「伯公」。

根據王健旺在《臺灣的土地公》書中所述，從日據時代開始統計土地公廟數量，直到臺灣光復後至一九九三年止，土地公廟的成長數量比日據時代多出一倍，王建旺認為這個原因有五點：土地信仰觀念；環境、氣候惡劣因素；內憂外患戰事頻繁；瘴癘瘟疫橫行肆虐；親切普及有求必應。

臺灣土地公廟統計表

年代	數量	排名	調查單位	備註
一九一五	六六九	一	臺灣總督府	
一九三〇	六七四	一	臺灣總督府	

一九三四	七一八	一	增田福太郎	
一九五九	三二七	四	臺灣省文獻會	未登記者不列入統計
一九八一	四二七	五	臺灣省文獻會	未登記者不列入統計
一九九二	九八七	一	臺灣省政府民政廳	
一九九三	一三二七	三	內政部統計處	

資料來源：王健旺，《臺灣的土地公》

從「臺灣土地公廟統計表」可以得知，不管是在日據時期還是現在，土地公廟成長數量是各類宮廟的首位。其實以上表格數字僅是登記有案，我相信仍有為數眾多的土地公廟是未登記的。

在《臺灣的土地公》一書中還提到，土地公之所以會被視為財神，主因還是信仰的功利主義，不管是酬神還是燒金紙，都是要賄賂土地公來求財。當然，這種交替神主義下的功利主義，只要是土地公不靈驗，還是很可能被信徒遺棄或破壞。

一般來說，當我們有借錢的需求時，除了向親朋好友調頭寸，通常會向銀行貸款融資，除非這個管道有障礙才會向地下金融借錢。但時代變了，宗教信仰已沾染銅臭味，信徒開始向神明融資，這就像是俗語所謂的「有借有保庇」，信徒合理化借錢的動機只是想尋求神明的保佑，不管動機如何功利，尋求庇佑本是人之常情，但這樣一來動機就更加強了。

文武財神都得拜

傳統民間信仰本來就有拜財神的習俗，一般分文財神和武財神，文財神以比干和范蠡為代表。史書說，比干受紂王的寵姬妲己陷害，而被處以剜心之刑，後來姜子牙追封比干為文曲星君。民間信仰認為，玉皇大帝認為比干為人剛正不阿、愛國愛民，認為無心則不偏心，因此封他為天官文財尊神，並以金聖孔雀為座騎。至於范蠡則因為輔佐越王句踐伐吳復國，其後退隱經商致富，因此以其「三聚三散」[1]的典故，民間信仰認為范蠡能夠聚財與散財，也尊為財神。

至於武財神，則以趙公明和關羽為代表。在《封神演義》中，姜子牙封趙公明為玄壇真君，統帥四位神仙專司迎祥納福、商賈買賣。後來民間認為趙公明所掌的與財富有關，能招寶、納珍、招財和利市，因而尊為財神。而關羽被視為財神的過程比較曲折。

華人信仰關羽相當普遍，但角色為何變為財神，據說是因清康熙、雍正、乾隆時的民間商業活動十分繁榮，各行各業都祀奉關公為其行業神。楊慶茹在《問吧》一書中寫到：「幾種傳說深化了關羽的財神形象，一說關公生前善於理財，長於會計業務，曾經發明計簿法，設計日清簿，清楚明白；另一說，關公死後常回人間助戰，商人生意受挫若能得到關公相助，就會東山再起。」於是商人認為關羽是財神，是由於其忠義與懲惡揚善、祐民護民的萬能神格，藉由其神格可以保佑身家性命和財產安全。

歸納來說，財神的由來，一則是章回小說的影響，一則是民間行業的信仰而成，同樣的，土地公從職司土地與家戶的保護變成財神爺，也是民間信仰的俗成。譬如店鋪、工廠會祀奉土地公，代表的是保障與促進交易的功能，此外還有「有土斯有財」的觀念，希望土地公能夠帶來平安與生意興隆。在一般家庭客廳，即使民俗專家認為土地公是陰神，不宜在家供奉，但還是有信眾認為土地公親切普及、有求必應，還是供奉在家。

土地公在工商界被賦予財神功能後，每逢農曆初二與十六，很多行業會以鮮花素果去附近的土地公廟拜拜，更甚者連財務主管都還得擔任主祭，或在營業單位門口擺案祭果焚香。其實，土地公被賦予的財神功能，和真正的財神不一樣。土地公主要是保障轄區內各行業生意興隆，並不會直接賦予求財的功能。所以嚴格說來，土地公的財神功能僅是間接的，是透過生意興隆來取得穩定的收益，而非文武財神對於一般民眾而言有投機的用意。

民間對於文武財神或土地公的信仰變成功利主義色彩，其根本原因在於時代的轉變。《光華雜誌》曾刊登〈有借有保庇，神明銀行發利市〉一文，認為一九七六年以後臺灣的外貿出現超額盈餘，經濟開始成長，臺股衝破萬點、房產炒作和六合彩簽賭，於是社會轉為功利，講究近利與速效。

借金後手氣就變好？

南投縣竹山鎮有間遠近馳名的土地公廟紫南宮，以信眾向土地公借發財金聞名，天天都有人前去擲筊求金。近幾年求金的規模日益盛大，連外國觀光客也來朝聖嘗鮮。在二〇一一年，根據廟方統計有五十多萬人借發財金，當年共借出三億元，還款金額約五億元。二〇一二年農曆初一到初四，借出超過兩千萬元發財金。如果以小額貸款績效而言，紫南宮絕對贏過一般商業銀行。

經濟不景氣的時候，到紫南宮求金的信徒很多，景氣變好時，求金的人潮更大。譬如二〇一四年的景氣已經好轉，但當年大年初一，紫南宮照例發放錢母和金雞蛋讓信眾帶來好運，據說當天超過一萬人排隊，人潮綿延超過六公里，而排在第一的竟然是女大學生，她已經排隊七天了。是什麼動機讓信徒不捨晝夜排隊等七天？只是為了求錢母？我認為宗教信仰功利化是主因，如果把這層因素去掉，單純的宗教成分所剩無幾。信眾到紫南宮求金的方式很簡單，就是以擲筊決定借金的額度，最多六百元，但也可能擲筊多次後得不到聖筊，因為土地公認為你不缺錢，只好等缺錢時再來。若得到聖筊，信徒就到服務臺登錄資料完成借金程序，但廟方會交代信徒必須將這筆錢當成錢母來投資才有效果，千萬不能用在投機與賭博行為。一年後，信徒必須憑借條還金，還金的金額是本金（求金的金額）加上隨意的香油錢。

其實紫南宮的報酬率相當高。信徒最低借金是一百元，如果還金一百一十元，名目利率就是一〇%，但很少信徒會好意思只加碼十元利息。如果借金一百到六百元，還金加碼一百元，名目利率各是一〇〇%、五〇%、三三・三%、二五%、二〇%和一六・七%。此外，以擲筊機率算，最缺錢的機率是二分之一，不缺錢的機率是六十四分之一，這個機率其實不高，所以信徒多少可以借到一點發財金。至於紫南宮交代信徒要把借金用於投資，但紫南宮外賣刮刮樂的小販還是到處穿梭，想博一下手氣的信徒還大有人在。

信徒向土地公借金，一年到期後有人會不還錢嗎？我相信超過九五％的人會還錢，大概只有三％到五％會違約，這比商業銀行貸款違約率低很多，只要原因是信徒對神明的敬畏之心，深怕會被懲罰。此外，向土地公借金真的容易發財嗎？錢母真的能夠錢滾錢？這要從信徒借金的行為來討論。首先，信徒求金之後的行為已經改變，信徒可能趨向於風險高的冒險投資。其實風險與獲利是正相關，也就是說，信徒藉由土地公發財金的加持，進而轉變他的投資習慣，假使有獲利，他會歸因為土地公的暗中協助，而不認為是自己的風險偏好改變而導致獲利，於是信徒還金時就會加碼。所以被認為帶有神秘色彩的信仰行為，說穿了其實只是信徒本身的行為改變罷了。

宗教小辭典

依《臺灣大百科全書》對土地公的解釋：土地之神，也是社區的守護神。俗稱土地公，又有土治公、伯公、后土和社神等名稱。福德正神代表臺灣人對土地的意識、信仰，也是自然與人文的中介，也蘊含社區的福祉之價值觀與正當性。

宗教小辭典

紫南宮求金時間除了除夕全年無休，每天早上七點到晚上九點辦理，程序是：信眾親自到紫南宮向土地公焚香祈福，之後取筊向土地公行禮並告之姓名、住處以及心中願望，然後擲筊。第一次擲筊獲得聖筊，可求金六百元，若第一次未獲聖筊，可再次向土地公行禮並告知姓名、住處以及心中願望，冉次擲筊，如獲聖筊，可求金五百元。如此依次擲筊獲聖筊，可求金四百元、三百元、兩百元和一百元。若六次皆未獲聖筊，則請下次再來，或可以求開運金雞。

註釋

1 范蠡「三聚三散」的典故請參見「財神范蠡的故事」一文，網址：http://www.dfg.cn/big5/chtwh/dsqt/dsqt-2.htm。

第十八章

少林武功秘笈要賣多少錢？

在中國大陸，宗教商品化的問題讓我們覺得不可思議，但對大陸人而言，看來已經是太陽底下沒新鮮事，見怪不怪了。

我對中國功夫其實沒什麼研究，總覺得自己不是練武的料，小時候也從來沒有立志要當武學大師，但對中國功夫的博大精深與俠客精神相當嚮往。

六〇年代的臺灣沒什麼娛樂，沒有錄影帶也沒有ＤＶＤ，除了瓊瑤愛情電影外，就僅剩下武俠電影可看，但瓊瑤電影我不愛，所以愛看武俠電影。我覺得武俠電影中俠客飛簷走壁的功夫，總比愛情電影中愛得死去活來和甜到快膩掉的對話，要來得耐看且健康多了。

講到武俠電影和小說，不得不提金庸和古龍的武俠小說，但看武俠小說得靠文字轉化為場景的想像力，而武俠漫畫就省掉這層麻煩，直接畫給你看，所以漫畫比較吸引我，小說又勝於漫畫。

《如來神掌》漫畫的記憶

我記得讀國中時有《如來神掌》連載漫畫，主編是香港人黃玉郎。這本漫畫之所以會引人入勝，其中有一個很重要的原因是連載，看完一集之後就會期待下一集出版，連上課時都偷偷傳閱偷看。

武俠小說和漫畫的情節都會有「一定」的模式，男主角一定是默默無名的小子，一定受盡欺凌，一定身受重傷或是毒害，一定跌落深谷，一定餓到亂吃妙果，一定遇到遺世獨立的大俠傳授武功，一定有機緣取得某門派的秘笈，一定遇到美若天仙的女主角，然後打遍天下無敵手、一統江湖……《如來神掌》的情節也依循這個模式發展。

對於如來神掌的招式我只記得第八式為「佛法無邊」，第九式為「萬佛朝宗」，其餘的招式根本沒印象，由此可見我不是練武的料，連招式都背不熟。幾年後，我開始攻讀經濟學，才知道為何大家都這麼期待有本秘笈，不管是武學秘笈、醫學秘笈，總是依了人性中速成的期盼，期待下一個「邊際」馬上就養成絕學。

但一旦練成絕世武功打遍天下無敵手之後就沒了「邊際」，意思就是沒了下一位對手，最後變得很落寞，這就是峰頂的孤寂。男主角只能「千山我獨行，不必相送」，選擇遺世而獨立，期待遇到下一個莽撞小子，把全身的內力灌輸給他。這種結局很無聊，但很多武俠小說的發展都是這樣配套的，然後才會有下一集，一直把武功傳下去。

所有的武俠小說都是這麼寫的，寫了幾集就會再「輪迴」一次，然後改朝換代，男女主角再換人當，再一路輪迴下去。聽說《如來神掌》漫畫出了七百二十集，真的輪迴夠久了吧！

周星馳與秘笈

幾年後，《如來神掌》竟然落到周星馳演的《功夫》電影。看這部電影讓我覺得這種輪迴法真的很瞎，和《如來神掌》漫畫的男主角龍戈兒相較，也太不搭調了！《功夫》電影有個情節。周星馳小時候願意用全部家當換一本武林秘笈，最後也如願從騙錢乞丐手上買了《如來神掌》這本失傳的武功秘笈，代價是手上的一支棒棒糖。

不管電影中的《如來神掌》武功秘笈真假與否（事實上，在電影劇本的安排中，這本是真的），如果我問各位一個問題，你願意用多少代價來取得這本秘笈呢？你的代價會是和周星馳一樣，是一支棒棒糖嗎？還是口袋的現金和信用卡？還有個問題：如何「識貨」呢？一本武林秘笈僅值一支棒棒糖，想必大家會以為這本大概是漫畫吧！那麼，一本武林秘笈掛個價值連城的價碼，你會不會怕被誆了呢？

二十一世紀的現在，真的有人賣武林秘笈，但賣的不是《如來神掌》而是實實在在的《少林武功醫宗秘笈》（但我比較期待的是《易筋經》），賣家還是武林正統河南嵩山少林寺。

天下事無奇不有，只是二十一世紀比較多，尤其是中國大陸特多！

二十一世紀的少林寺不但很現代也很會管理與行銷，完全是企業化經營。少林寺住持釋永信，也是中國大陸首位取得管理碩士的僧人，他成立少林寺武僧團、少林實業發展公司和少林影視公司，光是註冊商標就超過兩百多項，也因此被稱為少林ＣＥＯ。但少林寺到底是佛寺還是公司？

根據少林寺旅遊景區管理局資料，在二〇〇六年，少林寺光是門票[1]每人一百元人民幣，收入就突破一億元人民幣，少林寺在海外開設的分寺，收入也高達每年一千萬英鎊。但外界對於少林寺的實際收入還是很好奇。釋永信接受媒體訪問時表示，少林寺的門票歸當地政府管理，三成收入歸少林寺所有，七成用於寺院建設，兩成用於僧人的生活，一成用做慈善，所以門票的收入大都進入當地政府的口袋。

但從外界眼光，光是少林寺這個品牌就價值連城。少林寺不但在中國大興商標訴訟，到海外也與山寨少林打國際官司，捍衛商標權益。然而樹大招風，少林寺也深受盛名之累，但這個盛名背後是龐大的金流與商機。譬如，少林寺有套秘笈《少林武功醫宗秘笈》，不是收在藏經閣，平時也沒有功夫深厚的長老看管，而是擺在網購平臺，一套十本，售價九千九百九十九元人民幣。

每個習武人都想覬覦的武功秘笈，現在竟然可以不費吹灰之力，只要彈指之間透過

網際網路，花人民幣九千九百九十九元代價就可以輕鬆在網路商店買到，但問題在於，你會願意買這套《少林武功醫宗秘笈》嗎？

這種問法有個問題，因為每個人的偏好不一樣，於是有人願意買，當然有人只是看熱鬧。如果有人願意付錢買秘笈，就表示這套秘笈對這個人有價值，他付出的代價遠小於這套秘笈的邊際效用。反過來說，如果一套秘笈帶給他的邊際成本遠高於邊際效用，這本書對他而言就毫無價值了。更精確一點的說法，這套秘笈的價值與否，在於這本書對一個人的淨效用大小，也就是效用與成本之間的差距，姑且說它是消費者剩餘，正因為需求線上的任一點，相對於需求數量，即是消費者心目中願意且可以消費的最高價格。在需求線上任一點，可以說是相對於某一個消費量來說的效用，但別忘了還有取得成本，兩者之間若有淨效用，可以說消費帶來「價值感」。

對我而言，又不想當醫生，更何況即使讀了這本秘笈也無法當醫生，所以這本秘笈對我而言毫無效用。即使我想當醫生，也無法確定這本秘笈的效果是否可以讓我的醫術無師自通。即使這本秘笈為真，這種大量複製的流通方式，不就造成大家都可以無師自通當起醫生。所以可以推定，這群無師自通的醫生會對醫生這個行業市場出現供給過多的問題，正因為大家不會胡亂或故意生病，需求不會改變，那麼當醫生有什麼賺頭呢？

到最後，就是完全競爭市場（大家的醫術都一樣），都賺不到錢。

秘笈的價值應該只有唯一的一本，但大量流通的秘笈，到底算不算是秘笈呢？我看一點也不。從經濟學理論來看，少林寺是稀有的文化財產，文化無法量產和複製，所以嵩山少林僅此一家別無分號。過去少林寺沒有商品，現在成為少林工廠，量化後就沒有價值了。

大陸媒體一篇〈釋永信：少林寺不會上市，但請理解寺院經營〉一文中，乾脆就指出少林寺商業化標價的宗教服務，看起來似乎什麼都有價格，只要可以拿來賣，商業味道還是十分濃厚。譬如：

（一）賣寶劍：少林寶劍廠（河南省旅遊局的直屬企業），各種寶劍高、中、低檔齊全，價格從幾十元到上千元人民幣不等。

（二）賣素餐：素麵一碗是三十五元人民幣，套餐每人五十元人民幣，咖啡二十五元人民幣。

（三）少林歡喜地：什麼都賣，禪修服、禪修鞋、禪香、燭臺、T恤、燭臺、手錶都賣，開光佛像一具價格六千元人民幣。

（四）少林藥局：少林活絡膏三十元人民幣，保健枕一百元人民幣，各項商品應有盡有，價格最低從一元到一千六百元人民幣不等。

（五）少林秀場：「禪宗少林．音樂大典」[2]，最貴的總統票是九百八十元人民幣一張，貴賓票四百二十八元人民幣，最便宜的座位是一百六十八元人民幣。

在中國大陸，宗教商品化的問題讓我們覺得不可思議，但對大陸人而言，看來已經是太陽底下沒新鮮事，見怪不怪了。

宗教小辭典

方丈、住持：都是指管理寺院大小事、督促眾人，同時為眾人說法的主僧。在古印度，僧房因為以一丈四方為室，所以稱為方丈室，後來也稱為住持的起居室，現在是對住持或師父的敬稱。

註釋

1 嵩山少林寺的門票分為單區門票、景區聯票和景區通票三種類型，幾乎每個景點都需要購票，二〇一二年河南登封嵩山少林寺門票價格表如下：

單個景區門票：

少林景區門票一百元。購票當日可持票遊覽少林寺、塔林、達摩洞、二祖庵、初祖庵、三皇寨六個景點。

嵩陽景區門票八十元。購票當日可持票遊覽嵩陽書院、太室山、老母洞、法王寺、嵩嶽寺塔、會善寺等景點。

中嶽景區門票八十元。購票當日可持票遊覽中嶽廟、觀星臺、盧崖瀑布等景點。

嵩山蓮花寺景區門票：三十元

嵩山白沙湖景區門票：免費

永泰寺景區門票：六十元

景區聯票：

少林景區＋中嶽景區：票價一百八十元

少林景區＋嵩陽景區：票價一百八十元

景區通票：

少林＋中嶽＋嵩陽景區：票價二百六十元

2「禪宗少林・音樂大典」是全球最大的山地實景演出，由鄭州市天人文化旅遊公司投資，項目總投資三・五億人民幣，演出項目投資一・一五億人民幣。二〇〇七年開始運營時，觀眾二十萬人，門票收入一千五百萬元人民幣，目前在五一黃金週期間，單場接待量三千多人次。

第十九章

中國大陸寺廟資本化與名山勝寺股票上市大圈錢

宗教服務成為供需市場後，之間就有價格，信徒只要願意負擔價格，就可以要求宮廟提供對等的宗教服務。

在臺灣，信眾去大小廟參拜即使沒有捐香油錢也不用買門票，即使在香客大樓過夜，也是隨喜付費。不過，到中國名刹大廟參拜是要買門票的，而且這兩三年票價漲一番。在中國大陸，很多讓我們無法想像的事物都可以列表收費，包括宗教服務。學者張家麟在《社會、政治結構與宗教現象》一書中指出，中國大陸佛道兩教的宗教商品化是一種普遍現象，可以列表收費，也可以公然販賣，甚至少數民族的宗教活動也不可免俗。

宛如便利商店的宗教服務

我認為，當宗教活動變成觀光資源後，神聖的宗教信仰已被經濟利益所取代，甚至可以資本化。譬如中國西南納西族的宗教具有觀光資源，於是有投資者向他們承租聖山，並聘請法師供觀光客拍照收費，法師不但可以領薪水還天天準時下班。

物以稀為貴是經濟通則，因此當中國大陸少數民族的宗教變成商業的觀光資源時，就是共有財變成私有財，既然是私有化，享受這個資源時就必須付費，宗教服務就成為買賣關係。宗教服務成為供需市場後，之間就有價格，信徒只要願意負擔價格，就可以要求宮廟提供對等的宗教服務，包括燒香、抽籤、點功名燈等等。

中國大陸宗教的問題就是資本化與私有化的現象，況且宗教服務具有獨佔性，在價格上具有剝削性，可以對需求者（信徒與觀光客）予取予求，更用價格表彰其資源的稀缺，結果就是宗教世俗化地向金錢靠攏。

我們可以想像宗教服務好似便利商店，不僅有品牌也可以開放加盟，架上諸多的商品皆有其價格，信徒與觀光客可以針對其需求取用服務，然後支付貨幣，這也是當今中國大陸宗教信仰最大的隱憂。前陣子中國大陸網路上流傳佛寺招聘出家人的廣告：

> 蘇州寒山寺招聘比丘尼：每月四千元，八小時工作制，包吃包住，出差上門做法事，按小時發放出差補貼，做滿三年七千元以上，住持每月三萬元以上，下班之後，不干預私生活。要求女生，本科以上學歷，電子工程優先，英語六級……齋薪每月視香油多少而加分紅績效。

以上網路訊息當然是網友惡搞，但也反映中國民眾對宗教事事以價錢論的商業行為不以為然。還有兩則廣告：

廣州大悲尼姑庵招聘尼姑：要求女生，本科以上學歷（研究生優先）。電子工程／通信工程優先，英語六級，三證齊全。獎學金者優先，信佛教者優先，有其他教派信仰的也歡迎皈依我佛。會背誦《嘉蘭經》、《法華經》等佛書經典者優先。待遇每月四千元，八小時工作制，包吃包住，出差上門做法事，按小時發放出差補貼。做滿三年七千元以上，師太每月三萬元以上（免稅），下班之後，不干預私生活。各地分庵師太，實習期一年。齋薪每月一萬元，視香油多少而加分紅績效。實習期滿，可由峨眉方丈師太傳授峨嵋派，倚天劍法、九陰白骨爪、降龍十八掌、虎爪絕戶手等峨嵋派鎮派絕技，任選兩種，限選三種，必修一種。

上海淨心庵招聘尼姑：待遇每月五千元，八小時工作制，包吃包住，出差上門做法事，按小時發放出差補貼。做滿三年八千元以上，庵主每月兩萬元以上（免稅），下班之後，不干預私生活。要求女生，本科以上學歷（研究生優先）。電子工程／通信工程優先，英語六級，三證齊全。獲獎學金者優先，信佛教者優先，有其他教派信仰的也歡迎皈依我佛。會背誦《金剛經》、《法華經》等佛書經典者優先。待遇是先到各地分庵住持，實習期一年，齋薪每月視香油多少而加分紅績效，實習期滿，可由印度瑜珈大師傳授瑜珈七十二絕技，任選兩種，限選三種，必修一種。

這些山寨的徵人啟事，由於臺灣的網友對大陸的社會現況並不十分瞭解，很容易就當真以為出家當尼姑、和尚是不是在大陸已經變成一種「時尚職業」（其實內容是可以分辨出來的）？可以領薪水，績效好能分紅，年資夠了還能加薪升等。這當然是一種誤解，但以下大陸宗教資本化的問題，可不是誤解而是一種事實了。

不務正業的古剎

宗教資本化的問題在中國大陸非常盛行，除了河南嵩山少林寺，峨眉山、普陀山、九華山和五臺山也準備上市籌資「圈錢」。從公開資料來看，普陀山是由地方政府成立公司支持，預計兩年上市，募集人民幣七・五億資金，公司名下資產包括朱家尖旅遊集散中心、普陀山索道公司、普陀山客車公司、普陀山客運公司，以及普陀山吉祥製香廠等旅遊企業。

九華山也成立安徽九華山旅遊發展公司，準備第三度申請上市，九華山下轄十七家

分公司及子公司，由九華山旅遊控股，有飯店、索道纜車、旅遊客運和旅行社四大業務。此外，已經通過世界遺產名錄的五臺山，旅遊收入約二十一．八三億人民幣，要把五臺山打造成國際、人文、風光、休閒和會展的地區。五臺山說明上市的目的有兩個，一是利用金融資本實現低成本擴張；二是通過上市弘揚五臺山的精神文化。此外，早已上市的峨眉山成立旅遊公司，資本額二．三億人民幣，每股價格一度超過人民幣二十元，二〇一三年收益八．二六億人民幣。

這些中國名剎資本化後開始不務正業，紛紛圈錢、賺錢，新廟看到有錢賺，也要搶上市。在距離西安市六十公里的周至縣集賢鎮有個趙代村，一座佔地五百三十一公畝由旅遊集團所投資的趙公明財神廟，隨著旅遊集團借殼上市。公開資料顯示，旅遊集團業務涵蓋餐飲、酒店、旅行社、商業、風景區，資本約一．八億人民幣、總資產十七億，子公司十五家。

這些大廟古剎個個來頭不小，資本額和資產與臺灣的上市公司不遑多讓。但中國宗教界人士對於古剎一股腦兒股票上市相當憂心，深怕宗教文化會被資本化，尤其歷史悠久的古廟，資本化形同私有化，即使地方政府主導也很難避免私人資本的介入。這種現象在中國方興未艾，譬如陝西法門寺供奉世上唯一釋迦牟尼佛指骨舍利，每年吸引超過三百五十萬名遊客，營收超過五十億人民幣，一度傳出法門寺也擬在香港上市，但法門寺被指為「舍利提款機」之後，目前已經暫停上市計劃了。

宗教搭臺、經濟唱戲

未來，大陸的宮廟上市風潮會不會死灰復燃呢？目前看來，大陸宗教局已經意會到這波的上市亂象，且公告了相關說明，但山不轉路轉，大陸的宮廟會不會轉個彎，又上市圈錢呢？

後來，大陸官方為了糾正這波宮廟上市的風潮與亂象，由國家宗教事務局等十個部門聯合發表一份《關於處理涉及佛教宮廟、道教宮觀管理有關問題的意見》[1]，指陳大陸宗教管理上的「亂象」：

> 一些地方受經濟利益驅動，搞「宗教搭臺、經濟唱戲」，出現了一些不正常的現象。主要表現為：一些地方、企業和個人，以弘揚傳統文化、促進地方經濟發展為藉口，投資新建或承包寺觀，借教斂財；有的非宗教活動場所雇用假僧假道，非法從事宗

教活動，違規設置功德箱，收取宗教性捐獻，甚至威逼利誘信眾和遊客，騙取錢財，以教牟利；一些經依法登記的寺觀，尤其是處在風景名勝區的寺觀，或被投資經營，或被作為企業資產上市，或存在強拉或誘導遊客和信教群眾花高價燒高香、從事抽籤卜卦等現象。

上面這句話其實已經說明了大陸宮廟搶上市，根本上就是共有財被資本化與私人化，一些經依法登記的寺觀，尤其是處在風景名勝區的寺觀，或被投資經營，或被作為企業資產上市，看來大陸官方已經暫時堵了宮廟上市這條路了。但這份《意見》也指出一個很實際也很極端的問題，就是大陸層出不窮的宗教斂財問題，在官方的聯合聲明中就提到，寺觀應在政府宗教事務部門的行政管理下，在當地政府有關部門指導、監督下，由佛、道教界按民主管理的原則負責管理，任何單位和個人不得插手其內部宗教事務。針對資本化與私有化和營利化的問題，禁止黨政部門參與或縱容、支持企業，和個人投資經營或承包經營寺觀，不得以任何方式將寺觀搞「股份制」、「中外合資」、「租賃承包」、「分紅提成」等。但大陸的宮廟管理的亂象是否會因為這份《意見》而改善呢？看來還要一段時間的觀察。

宮廟要不要收「門票」？

大陸寺廟要收門票的議題對臺灣而言簡直無法想像，是因為兩地對於宗教信仰所看待的角度不同所致。在臺灣，信徒對宮廟捐獻可以是香油錢，或者也可以「購買」宮廟所提供的相關產品與服務，但不管以何種形式付費，皆是以信徒的需求為出發點。宮廟以滿足信徒的需求為主，信徒支付任何費用，也皆是以自利為出發點，如此一來，信徒對於任何費用不會有異議，因為所支付的任何費用，不管是自由捐獻還是購買產品或者是服務，都是為了當下與當世的好處，或者是一種跨期的消費，為了享受來世的好處。

但大陸寺廟一窩蜂收門票的風潮，也不盡然每間寺廟都會模仿。

大陸雲南省有座盤龍寺，這寺位於晉寧縣晉城鎮盤龍山上，而且是昆明香火最旺的寺院之一。盤龍寺與昆明西山、賓川雞足山，共同被稱為雲南三大佛教聖地。盤龍寺於一九八三年被公布為昆明市重點文物保護單位，其官方網站自稱「千年古剎」，但縣政府及鎮政府打算要將盤龍寺「提檔升格」商業化並公司化，但不被寺方所接受，於是乎盤龍寺就在二〇一四年八月十五日開始決定暫關山門閉門清修，用以抗議地方政府的決定。同樣的，二〇一四年初雲南雞足山全山寺庵也閉門謝客，原因同樣是抗議寺廟被商

業化。

大陸的寺廟收門票擺明就是商業化資本化，這當中不必然和宗教信仰有所關連。

寺廟收門票不僅大陸有，日本的寺廟大部分也要收費。日本寺廟收費的機制是收「拜觀料」，這些寺廟具有一定的稀缺性與景觀性，而且很多寺廟皆為是世界遺產，以收費來維持這些寺廟的存在。由此觀之，我認為在經濟理論上是合理的。

日本寺廟本質上是一種共有財（Public Goods），對共有財收費是根據每一個使用者的邊際成本來徵收，徵收的目的是為了維護（運）公共資源，透過收費來以價制量。因此，不管是否為信徒或者為觀光客（我會認為後者居多），入寺就會產生一定的成本，對這種使用成本收費，即是將外部成本內部化的方式。我不知道日本的寺廟是否將這些「拜觀料」的收益單獨成立一個基金來專款專用，但至少具有合理性與合宜性。

但大陸寺廟收取門票的機制，我卻認為是將公有資源私有化，也就是說大陸的寺廟收費基本上很像是大陸講的「圈錢」，是將公有資源資本化、私有化與財團化，收費基本上就是為了營利，這和日本的「拜觀料」是不一樣的（一樣收錢，但出發點不同，結果不同），完全是供給方「產品化」的思考，這又和臺灣的寺廟是以需求方的思維，是完全不同的。至於西藏布達拉宮門票一張人民幣兩百元（我認為票價還可以再收高一點），我也傾向是和日本「拜觀料」的機制一樣，即使布達拉宮有重山阻隔，但青藏鐵路開通之後，門檻早已降低很多，如果不收費的話，紛至沓來的觀光客，對於維繫布達拉宮這類世界遺產，恐怕會有很大的危機。

經濟學小辭典

圈錢：把不屬於自己的錢，以某總貌似合法的手段轉進自己口袋。這種做法與盜竊、搶劫、詐騙不同，因此業界稱為圈錢。

註釋

1 詳見中國國家宗教局《關於處理涉及佛教宮廟、道教宮觀管理有關問題的意見》，網址：http://www.sara.gov.cn/xwzx/xwjj/17145.htm。

生活文化 ㉙

拜拜經濟學：有拜有保庇!?大廟小廟香火鼎盛背後的經濟性與趣味性

作　者—鍾文榮
主　編—李筱婷
執行編輯—張啟淵
美術設計—我我設計
插　畫—徐世賢
執行企劃—劉凱瑛
董事長
總經理—趙政岷
總編輯—余宜芳
出版者—時報文化出版企業股份有限公司
10803台北市和平西路三段二四〇號四樓
發行專線—（〇二）二三〇六—六八四二
讀者服務專線—〇八〇〇—二三一—七〇五
（〇二）二三〇四—七一〇三
讀者服務傳真—（〇二）二三〇四—六八五八
郵撥—一九三四四七二四時報文化出版公司
信箱—台北郵政七九～九九信箱
時報悅讀網—http://www.readingtimes.com.tw
電子郵箱—history@readingtimes.com.tw
法律顧問—理律法律事務所　陳長文律師、李念祖律師
印　刷—盈昌印刷有限公司
初版一刷—二〇一四年十一月二十一日
定　價—新台幣二八〇元
⊙行政院新聞局局版北市業字第八〇號

國家圖書館出版品預行編目（CIP）資料

拜拜經濟學：有拜有保庇！？大廟小廟香火鼎盛背後的經濟性與趣味性 / 鍾文榮著. -- 初版. -- 臺北市：時報文化, 2014.11
面；　公分. --（生活文化；CVB0029）
ISBN 978-957-13-6111-6（平裝）

1.經濟社會學　2.宗教社會學

550.1654　　103020746

ISBN 978-957-13-6111-6
Printed in Taiwan